idea

3일 벼락치기
NCS 시리즈는?

스펙 쌓기 경쟁은 과열되고 취업 벽은 점점 높아지는데…
NCS까지 대비 기 부족하시죠?

손 큰 스마트폰과 유사한 그립감을 주는
작은 크기와 **얇은 두께**로 휴대성을 살렸지만
꽉 찬 구성으로, **효율성은 UP↑ 공부 시간은 DOWN↓**

3일의 투자로 최고의 결과를 노리는
3일 벼락치기 NCS 직업기초능력평가 6권 시리즈

Vision

NCS 직업기초능력평가

3일
벼락치기

타임 NCS 연구소

근로복지공단

3일
벼락치기

근로복지공단

인쇄일 2020년 8월 1일 2판 1쇄 인쇄
발행일 2020년 8월 5일 2판 1쇄 발행
등 록 제17-269호
판 권 시스컴2020

발행처 시스컴 출판사
발행인 송인식
지은이 타임 NCS 연구소

ISBN 979-11-6215-521-9 13320
정 가 10,000원

주소 서울시 양천구 목동동로 233-1, 1007호(목동, 드림타워) | **홈페이지** www.siscom.co.kr
E-mail master@siscom.co.kr | **전화** 02)866-9311 | **Fax** 02)866-9312

NCS(국가직무능력표준, 이하 NCS)는 현장에서 직무를 수행하기 위해 요구되는 능력을 국가적 차원에서 표준화한 것으로 2015년부터 공공기관을 중심으로 본격적으로 실시되었습니다. NCS는 2016년 이후 산하기관을 포함한 약 600여 개의 공공기관으로 확대 실시되고, 이중 필기시험은 직업기초능력을 평가합니다.

NCS는 기존의 스펙위주의 채용과정을 줄이고자 실제로 직무에 필요한 능력을 위주로 평가하여 인재를 채용하겠다는 국가적 방침입니다. 기존의 공사 · 공단 등의 적성검사는 NCS 취지가 반영된 형태로 변하고 있기 때문에 변화하는 양상에 맞추어 시험을 준비해야 합니다.

필기시험의 내용으로 대체되는 직업기초능력은 총 10개 과목으로 출제기관마다 이 중에서 대략 5~6개의 과목을 선택하고 시험을 치르며 주로 의사소통능력, 수리능력, 문제해결능력을 선택합니다.

본서는 공사 · 공단 대비 수험서로, 직업기초능력을 NCS 공식 홈페이지의 자료로 연구하여 필요한 이론을 요약 정리하여 수록하였고, 실전 모의고사를 통해 학습자의 실력을 스스로 확인해 볼 수 있게 준비하였습니다.

예비 공사 · 공단인들에게 아름다운 합격이 함께하길 기원하겠습니다.

타임 NCS 연구소

☐ NCS(기초직업능력평가)란 무엇인가?

1. 표준의 개념

국가직무능력표준(NCS, national competency standards)은 산업현장에서 직무를 수행하기 위해 요구되는 지식 · 기술 소양 등의 내용을 국가가 체계화한 것으로 산업현장의 직무를 성공적으로 수행하기 위해 필요한 능력(지식, 기술, 태도)을 국가적 차원에서 표준화한 것을 의미합니다.

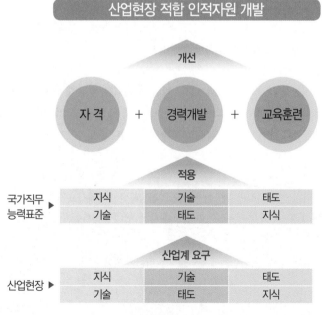

〈국가직무능력표준 개념도〉

2. 표준의 특성

┃ 한 사람의 근로자가 해당 직업 내에서 소관 업무를 성공적으로 수행하기 위하여 요구되는 실제적인 수행 능력을 의미합니다.

– 직무수행능력 평가를 위한 최종 결과의 내용 반영
– 최종 결과는 '무엇을 하여야 한다' 보다는 '무엇을 할 수 있다'는 형식으로 제시

┃ 해당 직무를 수행하기 위한 모든 종류의 수행능력을 포괄하여 제시합니다.

– 직업능력 : 특정업무를 수행하기 위해 요구되는 능력
– 직업관리 능력 : 다양한 다른 직업을 계획하고 조직화하는 능력
– 돌발상황 대처능력 : 일상적인 업무가 마비되거나 예상치 못한 일이 발생했을 때 대처하는 능력
– 미래지향적 능력 : 해당 산업관련 기술적 및 환경적 변화를 예측하여 상황에 대처하는 능력

┃ 모듈(Module)형태의 구성

– 한 직업 내에서 근로자가 수행하는 개별 역할인 직무능력을 능력단위(unit) 화하여 개발
– 국가직무능력표준은 여러 개의 능력단위 집합으로 구성

┃ 산업계 단체가 주도적으로 참여하여 개발

– 해당분야 산업별인적자원개발협의체(SC), 관련 단체 등이 참여하여 국가직 무능력표준 개발

- 산업현장에서 우수한 성과를 내고 있는 근로자 또는 전문가가 국가직무능력표준 개발 단계마다 참여

3. 표준의 활용 영역

- 국가직무능력표준은 산업현장의 직무수요를 체계적으로 분석하여 제시함으로써 '일-교육 · 훈련-자격'을 연결하는 고리 즉 인적자원개발의 핵심 토대로 기능

〈국가직무능력표준의 기능〉

- 국가직무능력표준은 교육훈련기관의 교육훈련과정, 직업능력개발 훈련기준 및 교재 개발 등에 활용되어 산업수요 맞춤형 인력양성에 기여합니다. 또한, 근로자를 대상으로 경력개발, 경로개발, 직무기술서, 채용 · 배치 · 승진 체크리스트, 자가진단도구로 활용 가능합니다.

- 한국산업인력공단에서는 국가직무능력표준을 활용하여 교육훈련과정, 훈련기준, 자격종목 설계, 출제기준 등 제 · 개정 시 활용합니다.

- 한국직업능력개발원에서는 국가직무능력표준을 활용하여 전문대학 및 마이스터고 · 특성화고 교과과정을 개편합니다.

② NCS 구성

능력단위

- 직무는 국가직무능력표준 분류체계의 세분류를 의미하고, 원칙상 세분류 단위에서 표준이 개발됩니다.

- 능력단위는 국가직무능력표준 분류체계의 하위단위로서 국가직무능력표준 의 기본 구성요소에 해당됩니다.

〈국가직무능력표준 능력단위 구성〉

- 능력단위는 능력단위분류번호, 능력단위정의, 능력단위요소(수행준거, 지 식 · 기술 · 태도), 적용범위 및 작업상황, 평가지침, 직업기초능력으로 구성

구성항목	내 용
1. 능력단위 분류번호 (Competency unit code)	− 능력단위를 구분하기 위하여 부여되는 일련번호로서 14자리로 표현
2. 능력단위명칭 (Competency unit title)	− 능력단위의 명칭을 기입한 것
3. 능력단위정의 (Competency unit description)	− 능력단위의 목적, 업무수행 및 활용범위를 개략적으로 기술
4. 능력단위요소 (Competency unit element)	− 능력단위를 구성하는 중요한 핵심 하위능력을 기술
5. 수행준거 (Performance criteria)	− 능력단위요소별로 성취여부를 판단하기 위하여 개인이 도달해야 하는 수행의 기준을 제시
6. 지식 · 기술 · 태도 (KSA)	− 능력단위요소를 수행하는 데 필요한 지식 · 기술 · 태도
7. 적용범위 및 작업상황 (Range of variable)	− 능력단위를 수행하는 데 있어 관련되는 범위와 물리적 혹은 환경적 조건 − 능력단위를 수행하는 데 있어 관련되는 자료, 서류, 장비, 도구, 재료
8. 평가지침 (Guide of assessment)	− 능력단위의 성취여부를 평가하는 방법과 평가 시 고려되어야 할 사항
9. 직업기초능력 (Key competency)	− 능력단위별로 업무 수행을 위해 기본적으로 갖추어야 할 직업능력

구성과 특징

핵심이론

NCS 직업기초능력평가를 준
비하기 위해 각 기업이 선택
한 영역에 대한 핵심이론을
요약하여 수록하였다.

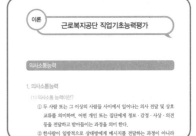

기출유형문제

최신 출제 경향을 최대 반영
한 실전모의고사 형태의 대
표유형 문제들을 수록하여
학습을 마무리한 후 최종점
검을 할 수 있도록 하였다.

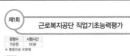

정답 및 해설

이론을 따로 참고하지 않아
도 명쾌하게 이해할 수 있도
록 상세한 설명과 오답해설
을 함께 수록하여 학습한 내
용을 체크하고 시험에 완벽
히 대비할 수 있도록 하였다.

차 례

근로복지공단

1 주요기능 및 역할

1) 기관소개

산업재해보상보험법에 따른 산업재해보상보험사업, 고용보험 및 산업재해보상보험의 보험료징수 등에 관한 법률(이하 "보험료징수법"이라 한다)에 따른 보험 적용·징수업무, 근로자복지기본법에 따른 복지사업, 고용정책기본법에 따른 실업대책사업, 임금채권보장법에 따른 임금채권보장사업, 고용보험법에 따른 창업촉진지원사업, 진폐의 예방과 진폐근로자의 보호 등에 관한 법률에 따른 진폐업무, 업무상 재해를 입은 근로자의 요양과 재활 및 산업보건사업 등을 행함으로써 산업재해근로자의 보건향상과 근로자의 복지증진에 기여함.

2) 주요기능 및 역할

- 산업재해보상보험사업
- 근로자 복지증진사업
- 고용정책기본법 제34조제2항에 의한 실업대책사업
- 임금채권보장기금의 사업주부담금 징수, 체불임금 체당지급 및 임금청구권의 대위('98. 7. 1부터 실시)
- 고용보험 적용·징수
- 근로자신용보증지원사업
- 진폐근로자 보호 업무
- 산재환자 진료(의료, 재활사업)
- 산업보건사업(근로자 건강진단, 작업환경측정, 보건관리대행)
- 재활공학 및 직업성 폐질환 연구 등

2 필기전형

구분	주요내용
NCS 직업기초능력	• NCS 직업기초능력 중 4가지 항목 70문항 - 의사소통능력, 문제해결능력, 자원관리능력, 수리능력
NCS 직무기초지식 (일반직 6급만 해당)	• 직무수행에 필요한 기초지식 평가 항목 30문항 - 법학, 행정학, 경영학, 경제학, 사회복지학 (각 6문항)
취업지원대상자 우대사항	• 법령에 의한 취업지원대상자로 만점의 10%, 5%를 가점하는 자 • 산재장해등급 3급 이상 판정자 본인 • 산재사망 근로자 유자녀 및 산재장해등급 3급 이상 근로자의 자녀 • 「장애인 고용촉진 및 직업재활법 시행령」 제3조의 규정에 해당하는 장애인 • 「의사상자 등 예우 및 지원에 관한 법률」 제2조에 따른 의상자 또는 의사자 자녀 • 「국민기초생활보장법」상 수급자 및 차상위 계층자

※ 상기 항목 중 두가지 이상에 해당하는 경우 지원자에게 유리한 것 하나만 적용
※ 법령에 의한 취업지원대상자는 최종 합격 3인 이하 채용의 경우 채용 전 단계에서 보훈가
점 부여하지 않음

3 면접전형

구분	주요내용
NCS 직업기초능력 직무수행능력	• 직무수행에 필요한 직업기초능력 및 직무수행능력 평가 - 의사소통능력 · 문제해결능력 · 직업윤리 및 공단이해도 · 자기개발계획 평가 - 1인 집중면접 실시
우대사항	• 법령에 의한 취업지원대상자 - 법령에 의한 취업지원대상자로 만점의 10%를 가점하는 자 - 법령에 의한 취업지원대상자로 만점의 5%를 가점하는 자 ※ 법령에 의한 취업지원대상자는 최종 합격 3인 이하 채용의 경우 채용 전 단계에서 보훈가점 부여하지 않음

4 유의사항

- 추후 전형과 관련된 장소, 세부일정, 합격자 발표, 임용구비서류 등 사항은 공단 홈페이지 (www.kcomwel.or.kr)를 통하여 공고함
- 응시원서 기재 내용의 착오 또는 누락으로 인해 발생한 불이익은 모두 본인에게 책임이 있으며, 응시원서 접수 및 NCS 직업성격검사, 증빙서류 제출 과정에서 본인 이외 타인의 대리작성 및 검사실시, 허위사실 기재 또는 허위증빙서 제출 시 합격 또는 임용 취소 및 향후 5년간 공단 입사시험 응시자격을 제한함
- 「장애인복지법 시행규칙」 제37조의2에 따라 입사지원서 상 편의제공 요청 사항*에 입력한 응시자에 한해 장애정도에 따라 편의 제공
- 전형별 일정은 사정에 따라 변경될 수 있으며, 「채용절차의 공정화에 관한 법률」에 따라 제출된 서류는 채용여부가 확정된 날로부터 180일 이내에 반환요청할 수 있고, 180일 경과 후 불합격자의 제출서류 일체는 「개인정보보호법」에 따라 파기함
- 응시원서 및 자기소개서는 인터넷 접수 마감시간까지 모든 작성을 종료 · 최종 제출하여야하며, 정상적으로 접수번호를 부여받았는지 확인요함
- NCS 직업성격검사는 지정된 일자에 온라인을 통해서만 응시 · 제출 완료하여야하고, PC를 통한 검사실시를 권장하며 응시자의 인터넷 PC환경, 개인 사정으로 인한 검사 미실시 · 미제출에 대한 책임은 응시자 본인에게 있음
- 필기시험 시 고사장 입실시간 엄수 및 시험 응시표, 신분증 지참 필수(입실시간이 지나거나 신분증 미지참자는 시험응시 절대불가)

※ 자세한 사항은 당사 홈페이지를 참조하시기 바랍니다.

1DAY

근로복지공단 직업기초능력평가

근로복지공단 직업기초능력평가

의사소통능력

1. 의사소통능력

(1) 의사소통 능력이란?

① 두 사람 또는 그 이상의 사람들 사이에서 일어나는 의사 전달 및 상호 교류를 의미하며, 어떤 개인 또는 집단에게 정보 · 감정 · 사상 · 의견 등을 전달하고 받아들이는 과정을 의미 한다.

② 한사람이 일방적으로 상대방에게 메시지를 전달하는 과정이 아니라 상대방과의 상호작용을 통해 메시지를 다루는 과정이므로, 성공적인 의사소통을 위해서는 자신이 가진 정보와 의견을 상대방이 이해하기 쉽게 표현해야 할 뿐 아니라 상대방이 어떻게 받아들일 것인가에 대해서도 고려해야 한다.

③ **의사소통의 기능** : 조직과 팀의 효율성과 효과성을 성취할 목적으로 이루어지는 정보 및 지식의 전달 과정으로써, 여러 사람의 노력으로 공동의 목표를 추구해 나가는 집단의 기본적인 존재 기반이자 성과를 결정하는 핵심 기능을 한다.

④ **의사소통의 중요성** : 제각기 다른 사람들의 시각 차이를 좁혀주며, 선입견을 줄이거나 제거해 주는 수단이다.

(2) 의사소통능력의 종류

① 문서적인 측면

㉠ **문서이해능력** : 업무에 관련된 문서를 통해 구체적인 정보를 획득 · 수집 · 종합하는 능력

ⓒ **문서작성능력** : 상황과 목적에 적합한 문서를 시각적 · 효과적으로 작성하는 능력

② **언어적인 측면**

ⓐ **경청능력** : 원활한 의사소통의 방법으로, 상대방의 이야기를 듣고 의미를 파악하는 능력

ⓑ **의사표현력** : 자신의 의사를 상황과 목적에 맞게 설득력을 가지고 표현하는 능력

(3) 바람직한 의사소통을 저해하는 요인

① '일방적으로 말하고', '일방적으로 듣는' 무책임한 마음

→ 의사소통 기법의 미숙, 표현 능력의 부족, 이해 능력의 부족

② '전달했는데', '아는 줄 알았는데'라고 착각하는 마음

→ 평가적이며 판단적인 태도, 잠재적 의도

③ '말하지 않아도 아는 문화'에 안주하는 마음

→ 과거의 경험, 선입견과 고정관념

(4) 의사소통능력 개발

① 사후검토와 피드백 활용

② 언어의 단순화

③ 적극적인 경청

④ 감정의 억제

(5) 인상적인 의사소통

① 인상적인 의사소통이란, 의사소통 과정에서 상대방에게 같은 내용을 전달한다고 해도 이야기를 새롭게 부각시켜 좋은 인상을 주는 것이다.

② 상대방이 '과연'하며 감탄하도록 내용을 전달하는 것이다.

③ 자신에게 익숙한 말이나 표현만을 고집스레 사용하면 전달하고자 하

는 이야기의 내용에 신선함과 풍부함, 또는 맛깔스러움이 떨어져 의
사소통에 집중하기가 어렵다. 상대방의 마음을 끌어당길 수 있는 표
현법을 많이 익히고 이를 활용해야 한다.
④ 자신을 인상적으로 전달하려면, 선물 포장처럼 자신의 의견도 적절히
꾸미고 포장할 수 있어야 한다.

2. 문서이해능력

(1) 문서이해능력이란?

① 작업현장에서 자신의 업무와 관련된 인쇄물이나 기호화된 정보 등 필
요한 문서를 확인하여 문서를 읽고, 내용을 이해하여 요점을 파악하
는 능력이다.
② 문서에서 주어진 문장이나 정보를 읽고 이해하여 자신에게 필요한 행
동이 무엇인지 추론할 수 있어야 하며 도표, 수, 기호 등도 이해하고
표현할 수 있는 능력을 의미한다.

(2) 문서의 종류와 용도

① **공문서** : 정부 행정기관에서 대내외적 공무를 집행하기 위해 작성하는
문서
② **기획서** : 적극적으로 아이디어를 내고 기획해 하나의 프로젝트를 문서
형태로 만들어, 상대방에게 기획의 내용을 전달하고 기획을 시행하도
록 설득하는 문서
③ **기안서** : 회사의 업무에 대한 협조를 구하거나 의견을 전달할 때 작성
하며 흔히 사내 공문서로 불림
④ **보고서** : 특정한 일에 관한 현황이나 그 진행 상황 또는 연구 · 검토 결
과 등을 보고할 때 작성하는 문서
⑤ **설명서** : 상품의 특성이나 사물의 성질과 가치, 작동 방법이나 과정을
소비자에게 설명하는 것을 목적으로 작성하는 문서

⑥ **보도자료** : 정부 기관이나 기업체, 각종 단체 등이 언론을 상대로 자신들의 정보가 기사로 보도되도록 하기 위해 보내는 자료

⑦ **자기소개서** : 개인의 가정환경과 성장과정, 입사 동기와 근무자세 등을 구체적으로 기술하여 자신을 소개하는 문서

⑧ **비즈니스 레터(E-mail)** : 사업상의 이유로 고객이나 단체에 편지를 쓰는 것이며, 직장 업무나 개인 간의 연락, 직접 방문하기 어려운 고객 관리 등을 위해 사용되는 문서이나, 제안서나 보고서 등 공식적인 문서를 전달하는 데도 사용된다.

⑨ **비즈니스 메모** : 업무상 필요한 중요한 일이나 앞으로 체크해야 할 일이 있을 때 필요한 내용을 메모 형식으로 작성하여 전달하는 글이다.

(3) 문서 이해의 구체적 절차

① 문서의 목적 이해하기

② 문서가 작성된 배경과 주제 파악하기

③ 문서에 쓰여진 정보를 밝혀내고 문제가 제시하고 있는 현안문제 파악하기

④ 문서를 통해 상대방의 욕구와 의도 및 나에게 요구하는 행동에 관한 내용 분석하기

⑤ 문서에서 이해한 목적 달성을 위해 취해야 할 행동을 생각하고 결정하기

⑥ 상대방의 의도를 도표나 그림 등으로 메모하여 요약·정리해보기

(4) 문서이해를 위해 필요한 사항

① 각 문서에서 꼭 알아야 하는 중요한 내용만을 골라 필요한 정보를 획득하고 수집, 종합하는 능력

② 다양한 종류의 문서를 읽고, 구체적인 절차에 따라 이해하고 정리하는 습관을 들여 문서이해능력과 내용종합능력을 키워나가는 노력

③ 책이나 업무에 관련된 문서를 읽고, 나만의 방식으로 소화하여 작성할 수 있는 능력

3. 문서작성능력

(1) 문서작성능력이란?

① 직업생활에서 목적과 상황에 적합한 아이디어나 정보를 전달할 수 있도록 문서를 작성할 수 있는 능력이다.

② 문서작성을 할 때에는 문서를 왜 작성해야 하며, 문서를 통해 무엇을 전달하고자 하는지를 명확히 한 후에 작성해야 한다.

③ 문서작성 시에는 대상, 목적, 시기, 기대효과(기획서나 제안서 등의 경우)가 포함되어야 한다.

④ 문서작성의 구성요소

  ㉠ 품위 있고 짜임새 있는 골격

  ㉡ 객관적이고 논리적이며 체계적인 내용

  ㉢ 이해하기 쉬운 구조

  ㉣ 명료하고 설득력 있는 구체적인 문장

  ㉤ 세련되고 인상적이며 효과적인 배치

(2) 종류에 따른 문서작성법

공문서	• 누가, 언제, 어디서, 무엇을, 어떻게(왜)가 정확하게 드러나야 한다. • 날짜 작성 시 연도와 월일을 함께 기입하며 날짜 다음에 괄호를 사용할 경우에는 마침표를 찍지 않는다. • 내용은 한 장에 담아내는 것이 원칙이다. • 마지막에는 반드시 '끝'자로 마무리 한다. • 복잡한 내용은 항목 별로 구분한다.('−다음−' 또는 '−아래−') • 대외문서이고 장기간 보관되는 문서이므로 정확하게 기술한다.
설명서	• 명령문보다는 평서형으로 작성한다. • 정확하고 간결하게 작성한다. • 소비자들이 이해하기 어려운 전문용어는 가급적 사용을 삼간다. • 복잡한 내용은 도표를 통해 시각화하여 이해도를 높인다. • 동일한 문장 반복을 피하고 다양하게 표현하는 것이 좋다.

기획서	• 핵심 사항을 정확하게 기입하고, 내용의 표현에 신경 써야 한다.
	• 상대방이 요구하는 것이 무엇인지 고려하여 작성한다.
	• 내용이 한눈에 파악되도록 체계적으로 목차를 구성한다.
	• 효과적인 내용전달을 위해 표나 그래프 등의 시각적 요소를 활용한다.
	• 충분히 검토를 한 후 제출하도록 한다.
	• 인용한 자료의 출처가 정확한지 확인한다.
보고서	• 진행과정에 대한 핵심내용을 구체적으로 제시한다.
	• 내용의 중복을 피하고 핵심사항만 간결하게 작성한다.
	• 참고자료는 정확하게 제시한다.
	• 내용에 대한 예상 질문을 사전에 추출해보고, 그에 대한 답을 미리 준비한다.

수리능력

1. 수리능력

(1) 수리능력이란?

직장생활에서 요구되는 사칙연산과 기초적인 통계를 이해하고, 도표 또는 자료(데이터)를 정리·요약하여 의미를 파악하거나, 도표를 이용해서 합리적인 의사결정을 위한 객관적인 판단근거로 제시하는 능력이다.

(2) 구성요소

① 기초연산능력

직장생활에서 필요한 기초적인 사칙연산과 계산방법을 이해하고 활용하는 능력

② 기초통계능력

직장생활에서 평균, 합계, 빈도와 같은 기초적인 통계기법을 활용하여 자료를 정리하고 요약하는 능력

③ 도표분석능력

직장생활에서 도표(그림, 표, 그래프 등)의 의미를 파악하고, 필요한
정보를 해석하여 자료의 특성을 규명하는 능력

2. 사칙연산

(1) 사칙연산이란?

수 또는 식에 관한 덧셈(+), 뺄셈(−), 곱셈(×), 나눗셈(÷) 네 종류의
계산법이다. 보통 사칙연산은 정수나 분수 등에서 계산할 때 활용되며,
여러 부호가 섞여 있을 경우에는 곱셈과 나눗셈을 먼저 계산한다.

(2) 수의 계산

구분	덧셈(+)	곱셈(×)
교환법칙	$a+b=b+a$	$a \times b=b \times a$
결합법칙	$(a+b)+c=a+(b+c)$	$(a \times b) \times c=a \times (b \times c)$
분배법칙	$(a+b) \times c=a \times c+b \times c$	

3. 검산방법

(1) 역연산

답에서 거꾸로 계산하는 방법으로 덧셈은 뺄셈으로, 뺄셈은 덧셈으로,
곱셈은 나눗셈으로, 나눗셈은 곱셈으로 바꾸어 확인하는 방법이다.

(2) 구거법

어떤 수를 9로 나눈 나머지는 그 수의 각 자리 숫자의 합을 9로 나눈 나
머지와 같음을 이용하여 확인하는 방법이다.

4. 단위환산

(1) 단위의 종류

① 길이 : 물체의 한 끝에서 다른 한 끝까지의 거리 (mm, cm, m, km등)

② 넓이(면적) : 평면의 크기를 나타내는 것 (mm^2, cm^2, m^2, km^2 등)

③ 부피 : 입체가 점유하는 공간 부분의 크기 (mm^3, cm^3, m^3, km^3 등)

④ 들이 : 통이나 그릇 따위의 안에 넣을 수 있는 물건 부피의 최댓값 (㎖, ㎗, ℓ, ㎘ 등)

(2) 단위환산표

단위	단위환산
길이	1cm=10mm, 1m=100cm, 1km=1,000m=100,000cm
넓이	$1cm^2=100mm^2$, $1m=10,000cm^2$, $1km^2=1,000,000m^2$
부피	$1cm^3=1,000mm^3$, $1m^3=1,000,000cm^3$, $1km^3=1,000,000,000m^3$
들이	$1㎖=1cm^3$, $1㎗=100cm^3=100㎖$, $1ℓ=1,000cm^3=10㎗$
무게	1kg=1,000g, 1t=1,000kg=1,000,000g
시간	1분=60초, 1시간=60분=3,600초
할푼리	1푼=0.1할, 1리=0.01할, 모=0.001할

문제해결능력

(1) 문제란?

원활한 업무수행을 위해 해결되어야 하는 질문이나 의논 대상을 의미한다.

※ **문제점** : 문제의 근본원인이 되는 사항으로 문제해결에 필요한 열쇠인 핵심 사항

(2) 문제의 분류

구분	창의적 문제	분석적 문제
문제제시 방법	현재 문제가 없더라도 보다 나은 방법을 찾기 위한 문제 탐구로 문제자체가 명확하지 않음	현재의 문제점이나 미래의 문제로 예견될 것에 대한 문제 탐구로, 문제자체가 명확함
해결 방법	창의력에 의한 많은 아이디어의 작성을 통해 해결	분석, 논리, 귀납과 같은 논리적 방법을 통해 해결
해답 수	해답의 수가 많으며, 많은 답 가운데 보다 나은 것을 선택	답의 수가 적으며, 한정되어 있음
주요 특징	주관적, 직관적, 감각적, 정성적, 개별적, 특수성	객관적, 논리적, 정량적, 이성적, 일반적, 공통성

(3) 문제의 유형

① 기능에 따른 문제 유형

제조문제, 판매문제, 자금문제, 인사문제, 경리문제, 기술상 문제

② 해결방법에 따른 문제 유형

논리적 문제, 창의적 문제

③ 시간에 따른 문제유형

과거문제, 현재문제, 미래문제

④ 업무수행과정 중 발생한 문제유형

발생형 문제 (보이는 문제)	• 눈앞에 발생되어 당장 걱정하고 해결하기 위해 고민하는 문제 • 눈에 보이는 이미 일어난 문제 • 원인지향적인 문제
탐색형 문제 (찾는 문제)	• 현재의 상황을 개선하거나 효율을 높이기 위한 문제 • 눈에 보이지 않는 문제 • 잠재문제, 예측문제, 발견문제
설정형 문제 (미래 문제)	• 미래상황에 대응하는 장래의 경영전략의 문제 • 앞으로 어떻게 할 것인가 하는 문제 • 목표 지향적 문제 • 창조적 문제

자원관리능력

(1) 자원관리능력이란?

자원관리능력은 직장생활에서 시간, 예산, 물적자원, 인적자원 등의 자원 가운데 무엇이 얼마나 필요한지를 확인하고, 이용 가능한 자원을 최대한 수집 하여 실제 업무에 어떻게 활용할 것인지를 계획하고, 계획대로 업무 수행에 이를 할당하는 능력이다.

(2) 자원의 종류

① **시간관리능력** : 기업 활동에서 필요한 시간자원을 파악하고, 시간자원을 최대한 확보하여 실제 업무에 어떻게 활용할 것인지에 대한 시간계획을 수립하고, 이에 따라 시간을 효율적으로 활용하여 관리하는 능력

② **예산관리능력** : 기업 활동에서 필요한 예산을 파악하고, 예산을 최대한 확보하여 실제 업무에 어떻게 활용할 것인지에 대한 예산계획을 수립하고, 이에 따른 예산을 효율적으로 집행하여 관리하는 능력

③ **물적자원관리능력** : 기업 활동에서 필요한 물적자원(재료, 시설자원 등)을 파악하고, 물적자원을 최대한 확보하여 실제 업무에 어떻게 활용할 것인지에 대한 계획을 수립하고, 이에 따른 물적자원을 효율적으로 활용하여 관리하는 능력

④ **인적자원관리능력** : 기업 활동에서 필요한 인적자원을 파악하고, 인적자원을 최대한 확보하여 실제 업무에 어떻게 배치할 것인지에 대한 예산계획을 수립하고, 이에 따른 인적자원을 효율적으로 배치하여 관리하는 능력

(3) 자원관리의 과정

| 필요한 자원의
종류와 양 파악 | → | 이용 가능한
자원수집 | → | 자원활용
계획 수립 | → | 계획에 따른
수행 |

(4) 자원의 낭비 요인

① **비계획적 행동** : 자원 활용에 대한 계획 없이 충동적이고 즉흥적으로 행동하는 경우

② **편리성 추구** : 자원의 활용 시 자신의 편리함을 최우선으로 추구하는 경우

③ **자원에 대한 인식 부재** : 자신이 중요한 자원을 가지고 있다는 인식이 없는 경우

④ **노하우 부족** : 자원관리의 중요성은 알고 있으나 효과적으로 수행하는 방법을 알지 못하는 경우

2DAY

근로복지공단 직업기초능력평가

근로복지공단 직업기초능력평가

문항수	시험시간
70문항	100분

※ 통합전공 30문항

01 다음 기사를 읽고, 사원들의 반응 중 옳지 않은 것은?

근로복지공단, 일자리 안정자금 지급 개시

근로복지공단은 올해 1월 1일부터 신청 접수를 시작한 '일자리 안정자금 지원사업'의 지원금을 1월 31일부터 본격적으로 지급한다고 밝혔다. 최초로 지급되는 금액은 328개 사업장의 538명의 노동자에 대하여 67,910천 원이 지급될 예정이나 신청 사업장 및 노동자 수가 증가하고 있어 향후 지급액은 대폭 증가할 것으로 예상된다. '일자리 안정자금 지원사업'은 사업주의 인건비 부담을 경감시키고 노동자의 최저임금을 보장하기 위하여 정부가 약 3조 원의 예산을 편성하여 사업주에게 인건비를 지원해주는 사업이다.

근로복지공단은 '일자리 안정자금 지원사업'을 차질 없이 수행하기 위하여 지난 해 8월부터 TF팀 구성, 인력채용 등 사업수행을 준비하였으며 지난 1월 1일부터 일자리 안정자금 신청을 받기 시작하였다. 처음으로 안정자금을 지급받는 사업장 중에는 동네 상권이 축소되고 영세 식당들이 많아 수금이 어려운 실정에서도 근로자의 고용단절 없이 대를 이어 사업을 운영해 온 쌀가게도 있는 것으로 전해졌다. 이 쌀가게는 쌀배송업무를 담당하는 직원 4명 중 3명에 대해 18년도 말까지 총 384만 원(매월 32만 원씩)의 일자리 안정자금을 지급받게 될 예정이라고 근로복지공단은 전했다. 그 외에도, 서울시의 한 아파트 단지에서는 일자리 안정자금 지원사업 덕분에 고용조정이나 휴게시간 연장 등의 조치 없이 최저임금 인상률 이상인 16.8%의 급여를 인상한 사례도 있는 것으로 알려졌다.

심경우 이사장은 일자리 안정자금 지원사업이 최저임금과 근로자의 고용을 보장하며 소득주도 성장을 견인하는 가장 중요한 정책으로 자리매김하게 될 것으로 기대된다고 밝혔다.

① A사원 : 일자리 안정자금은 근로복지공단이 주최하는 사업이다.
② B사원 : 사업주의 인건비 부담을 경감시키고 노동자의 최저임금을 보장하기 위함이다.
③ C사원 : 일자리 안정자금은 신청을 받은 사업체에 한해 선발, 적용된다.

④ D사원 : 일자리 안정자금 지원사업 덕분에 휴게시간 연장 등의 꼼수가 사라지고 있다.

일자리 안정자금 지원사업은 사업주의 인건비 부담을 경감시키고 노동자의 최저임금을 보장하기 위해 정부가 약 3조 원의 예산을 편성하여 사업주에게 인건비를 지원해주는 사업이다.

02 다음 글의 결론을 지지하지 <u>않는</u> 것은?

지구와 태양 사이의 거리와 지구가 태양 주위를 도는 방식은 인간의 생존에 유리한 여러 특징을 지니고 있다. 인간을 비롯한 생명이 생존하려면 행성은 액체 상태의 물을 포함하면서 너무 뜨겁거나 차갑지 않아야 한다. 이를 위해 행성은 태양과 같은 별에서 적당히 떨어져 있어야 한다. 이 적당한 영역을 '골디락스 영역'이라고 한다. 또한 지구가 태양의 중력장 주위를 도는 타원 궤도는 충분히 원에 가깝다. 따라서 연중 태양에서 오는 열에너지가 비교적 일정하게 유지될 수 있다. 만약 태양과의 거리가 일정하지 않았다면 지구는 여름에는 바다가 모두 끓어 넘치고 겨울에는 거대한 얼음 덩어리가 되는 불모의 행성이었을 것이다.

우리 우주에 작용하는 근본적인 힘의 세기나 물리법칙도 인간을 비롯한 생명의 탄생에 유리하도록 미세하게 조정되어 있다. 예를 들어 근본적인 힘인 강한 핵력이나 전기력의 크기가 현재 값에서 조금만 달랐다면, 별의 내부에서 탄소처럼 무거운 원소는 만들어질 수 없었고 행성도 만들어질 수 없었을 것이다. 최근 들어 물리학자들은 이들 힘을 지배하는 법칙이 현재와 다르다면 우주는 구체적으로 어떤 모습이 될지 컴퓨터 모형으로 계산했다. 그 결과를 보면 강한 핵력의 강도가 겨우 0.5% 다르거나 전기력의 강도가 겨우 4% 다를 경우에도 탄소나 산소는 우주에서 합성되지 않는다. 따라서 생명 탄생의 가능성도 사라진다. 결국 강한 핵력이나 전기력을 지배하는 법칙들을 조금이라도 건드리면 우리가 존재할 가능성은 사라지는 것이다.

결론적으로 지구 주위 환경뿐만 아니라 보편적 자연법칙까지도 인류와 같은 생명이 진화해 살아가기에 알맞은 범위 안에 제한되어 있다고 할 수 있다. 만일 그러한 제한이 없었다면 태양계나 지구가 탄생할 수 없었을 뿐만 아니라 생명 또한 진화할 수 없었을 것이다. 우리가 아는 행성이나 생명이 탄생할 가능성을 열어두면서 물리법칙을 변경할 수 있는 폭은 매우 좁다.

① 생명은 탄소의 존재 여부와 관련 없이 자연적으로 진화할 수 있다.

② 중력법칙이 현재와 조금만 달라도 지구는 태양으로 빨려 들어간다.

③ 원자핵의 질량이 현재보다 조금 더 크다면 우리 몸을 이루는 원소는 합성되지 않는다.

④ 별 주위의 '골디락스 영역'에 행성이 위치할 확률은 매우 낮지만 지구는 그 영역에 위치한다.

정답해설 둘째 단락에서 '핵력의 강도가 겨우 0.5% 다르거나 전기력의 강도가 겨우 4% 다를 경우에도 탄소나 산소는 우주에서 합성되지 않는다. 따라서 생명 탄생의 가능성도 사라진다.'라고 하였는데, 이를 통해 탄소의 존재가 생명 탄생에 영향을 미침을 알 수 있다. 따라서 ①은 글의 결론에 부합하지 않는다.

오답해설 ② 글의 첫 문장에서 지구와 태양 사이의 거리도 인간의 생존에 영향을 미친다고 하였다. 중력의 특성상 지구가 태양에 지나치게 가까이 있거나 중력법칙이 현재와 달라지는 경우 지구가 태양의 중력에 의해 태양으로 빨려 들어갈 수 있을 것이다.

③ 둘째 단락의 내용을 통해 추론할 수 있는 내용이다.

④ 첫째 단락의 내용을 통해 '골디락스 영역'은 행성에 생명이 존재할 수 있도록 별과 적당한 거리에 떨어져 있는 영역을 의미한다는 것을 알 수 있다. 이 영역 안에 있을 때 행성이 너무 뜨겁거나 차갑지 않아 행성에 생명이 생존할 수 있다. 태양계 내부만 보더라도 행성이 골디락스 영역에 위치할 확률은 낮으며, 현재 지구는 이 영역에 위치해 생명이 존재하고 있다. 따라서 ④는 글의 내용과 부합한다.

03 다음 그림은 김대리가 작성한 보고서의 표지이다.

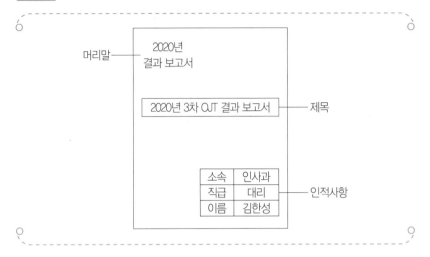

머리말, 제목, 인적사항의 글꼴을 표에서 각각 한 개씩 선택하여 바꾸려고 할 때, 글꼴이 모두 <u>다른</u> 경우의 수는?

구분	글꼴
머리말	중고딕, 견고딕, 굴림체
제목	중고딕, 견고딕, 굴림체, 신명조, 견명조, 바탕체
인적사항	신명조, 견명조, 바탕체

① 12   ② 18

③ 24   ④ 36

> **정답해설** 머리말과 인적사항에 사용할 글꼴을 먼저 정하고, 제목에 사용할 글꼴은 사용된 2개의 글꼴을 제외한 나머지 4개의 글꼴에서 정하면 된다.
> 머리말의 글꼴을 정하는 경우의 수=3가지
> 인적사항의 글꼴을 정하는 경우의 수=3가지
> 제목의 글꼴을 정하는 경우의 수=4가지
> 세 가지 글꼴은 동시에 정해지는 것이므로 구하는 경우의 수는 $3 \times 3 \times 4 = 36$

04 다음은 정보공개업무 운영규정이다. 이를 바탕으로 고객의 질문과 그에 대한 답변 내용을 보고 옳지 <u>않은</u> 것은?

제1장 총칙

제1조(목적) 이 규정은 「공공기관의 정보공개에 관한 법률」에 따라 근로복지공단의 정보공개업무를 처리하는데 필요한 사항을 규정함을 목적으로 한다.

제2조(적용범위) ① 정보공개에 관하여 다른 법령에 규정된 경우를 제외하고는 이 규정을 적용한다.

② 이 규정에서 정하지 않은 정보공개업무 처리에 관한 사항은 「공공기관의 정보공개에 관한 법률」(이하 "법"이라 한다), 같은 법 시행령(이하 "영"이라 한다)과 같은 법 시행규칙(이하 "규칙"이라 한다)에 따른다.

제3조(정보공개의 원칙) ① 생산·보유·관리하는 정보의 공개 여부를 분류할 때 법 제9조 제1항 각 호에 해당하는 경우를 제외하고는 공개로 분류하여야 한다.

② 공개로 분류된 정보는 공개 청구 시 원문 그대로 공개하고 공개·비공개가 혼합된 정보는 비공개 부분을 가리고 공개한다. 이 경우 부분적으로 비공개대상 정보가 포함되어 있음을 사유로 전체를 비공개하여서는 안 된다.

③ 청구된 정보의 공개를 실시함에 있어 현재 보유·관리하고 있는 정보를 대상으로 하여야 하며, 그 정보의 일부를 발췌·요약하는 등 별도의 가공된 형태로 공개하여서는 아니 된다. 다만, 정보를 있는 그대로 공개하는 것이 오히려 큰 업무부담을 유발하는 경우로서 청구인이 정보의 가공에 동의할 경우 정보를 가공하여 공개할 수 있다.

제2장 정보공개 운영 및 관리

제4조(정보공개책임관) ① 정보공개에 관한 업무를 총괄·조정하기 위하여 근로복지공단(이하 "공단"이라 한다) 본부에는 경영지원 국장을, 소속기관에는 기록물관리를 담당하는 부서의 장을 정보공개책임관으로 둔다. 다만 부서가 설치되지 않은 소속기관은 기관장을 정보공개책임관으로 한다.

② 정보공개책임관은 정보공개에 관한 주요사항을 총괄·조정하고 정보공개가 체계적으로 관리되도록 지도·감독하여야 한다.

제5조(정보공개 주관부서 등) ① 정보공개 주관부서(이하 "주관부서"라 한다)는 다음 각 호와 같으며 정보공개청구서의 접수, 정보공개심의회의 운영 등 정보공개업무 전반에 관한 사항을 관장한다.

1. 공단본부 : 총무부

2. 지역본부 : 경영지원부

3. 지사 : 가입지원1부(가입지원부, 부서 미설치 2급지 지사는 지사)

4. 업무상질병판정위원회 : 운영지원부

5. 병원 : 경영기획부(경영지원부)〈개정 2012. 7. 11.〉〈개정 2014. 08. 12.〉

6. 재활공학연구소 : 운영지원부〈개정 2012. 7. 11.〉

7. 인재개발원 : 운영지원부〈개정 2012. 7. 11.〉

8. 고객지원센터 : 운영팀〈개정 2012. 7. 11.〉

② 주관부서는 청구인이 제출한 정보공개청구서를 접수 · 분류하여 제3항에 따라 처리부서로 이송하여야 한다.

③ 정보의 공개여부는 대상정보에 대한 실질적인 업무를 취급하는 부서(이하 "처리부서"라 한다)에서 담당한다. 기록물관리를 담당하는 부서로 인계된 문서에 대한 정보공개청구서를 접수한 경우에도 또한 같다. 다만, 처리부서가 불명확하거나 여러 부서가 관련되어 있는 경우에는 주관부서 장이 처리부서를 지정한다.

④ 처리부서의 장은 청구된 정보에 대하여 공개여부를 결정하기 곤란한 경우에는 청구서 접수일로부터 3일 이내에 심의에 필요한 자료와 함께 별지 제1호 서식 정보공개심의회 안건심의요청서를 작성하여 주관부서의 장에게 정보공개심의회(이하 "심의회"라 한다) 심의를 요청할 수 있다. 다만, 부서 미설치 소속기관과 업무상질병판정위원회, 고객지원센터는 주관부서가 처리부서를 병행하며 업무상질병판정위원회는 소속 지역본부 주관부서장의 협조를 받아 심의회를 개최할 수 있다.〈개정 2014. 08. 12.〉

⑤ 처리부서의 장은 제1항에 따라 정보의 공개여부를 결정한 때에는 그 결과를 청구인에게 즉시 통지하고, 그 처리사항에 대해 정보공개 전산프로그램(노동보험시스템)에 입력 처리해야 하며, 주관부서의 장은 관련 기록을 유지 · 관리해야 한다.

제3장 정보의 공표 등

제6조(정보의 공표) ① 이사장은 법 제7조제1항 및 영 제4조에 따라 자발적으로 공개하여야 할 정보의 구체적 범위 · 주기 · 시기와 방법을 정하여 공표하고, 이에 따라 정기적으로 공개하여야 한다.

② 자발적 공표의 대상이 되는 정보의 공개는 공단 홈페이지, 간행물 등 국민이 쉽게 접근할 수 있는 다양한 방법으로 실시하여야 한다.

③ 공표의 대상이 되는 정보의 공개는 해당 정보를 생산 · 보유 · 관리하는 처리부서에서

수행한다.

제7조(정보공개방) ① 공단 홈페이지에 정보공개방(이하 "공개방"이라 한다)을 설치하고, 공개방에는 공단에서 생산한 문서와 보고서 등을 결재된 원문형태로 게재하도록 노력하여야 한다.

② 제1항에 따라 문서를 게재할 때에는 해당 문서에 법 제9조 제1항 각 호에서 정한 비공개대상정보가 포함되어 있는 경우 해당 부분을 삭제하고 게재하여야 한다.

③ 공개방에 문서의 게재는 공단 본부 내 처리부서에서 수행한다.

제8조(비공개대상정보의 기준) ① 처리부서의 장(부서 미설치 2급지 지사는 차장, 고객지원센터는 과장)은 법 제9조 제1항의 범위에서 해당부서의 비공개대상정보의 세부기준을 정하여야 하며, 기준은 별표와 같다. 다만 법 제9조 제1항 제5호의 의사결정과정 또는 내부검토 과정을 이유로 비공개할 경우에는 의사결정 과정 및 내부검토 과정이 종료되면 청구인에게 이를 통지하여야 한다.〈개정 2014. 08. 12.〉

② 별표의 기준을 적용할 때에는 해당 정보를 공개함으로써 얻게 되는 국민의 알권리 보장과 비공개함으로써 보호되는 다른 법익과의 조화가 이루어질 수 있도록 공정하게 공개여부를 판단하여야 한다.

③ 본부 주관부서의 장은 법의 취지가 충분히 반영되고, 국민과 공단 임직원이 보다 정확하고 객관적으로 정보의 공개여부를 판단할 수 있도록 별표에서 정한 기준을 지속적으로 수정·보완하여야 한다.

① Q : 근로복지공단에서 공개하는 정보는 어디 있나요?

　A : 공단 홈페이지에 정보공개방을 설치하고, 공개방에는 공단에서 생산한 문서와 보고서 등을 결재된 원문형태로 게재하고 있습니다.

② Q : 청구된 정보에 대하여 공개여부를 결정하기 어려운 경우에는 어떻게 하나요?

　A : 처리부서의 장이 청구서 접수일로부터 3일 이내 심의에 필요한 자료와 함께 정보공개심의회 심의를 요청합니다.

③ Q : 정보공개책임관의 역할은 무엇인가요?

　A : 정보공개에 관한 주요사항을 총괄·조정하고 정보 공개가 체계적으로 관리되도록 지도·감독합니다.

④ Q : 공개·비공개가 혼합된 정보는 어떻게 공개 되나요?

A : 부분적으로 비공개대상 정보가 포함되어 있어서 전체를 비공개하고 있습니다.

정답 해설 제1장 제3조 정보공개의 원칙에서 공개·비공개가 혼합된 정보는 비공개 부분을 가리고 공개한다. 이 경우 부분적으로 비공개대상 정보가 포함되어 있음을 사유로 전체를 비공개하여서는 안 된다.

05 다음 표는 우리나라의 경제활동 동향에 대한 자료이다. 이에 대한 설명 중 〈보기〉에서 옳은 것은?

〈표1〉 전국 경제활동 동향

(단위 : 천명)

구분\연도	만 15세 이상 인구	경제 활동 인구			비경제 활동 인구
		인구	취업자	실업자	
2010	38,778	24,735	24,168	567	14,043
2018	43,863	27,336	26,421	915	16,527

〈표2〉 농가 경제활동 동향

(단위 : 천명)

구분\연도	만 15세 이상 인구	경제 활동 인구			비경제 활동 인구
		인구	취업률(%)	실업률(%)	
2010	3,758	2,702	99.4	0.6	1,056
2018	2,872	2,150	99.0	1.0	722

※ 만 15세 이상 인구는 경제활동인구와 비경제활동인구로 구성되고, 경제활동인구는 취업자와 실업자로 구성됨

$$취업률(\%) = \frac{취업자\ 수}{경제활동인구} \times 100$$

$$실업률(\%) = \frac{실업자\ 수}{경제활동인구} \times 100$$

$$경제활동참가율(\%) = \frac{경제활동인구}{만\ 15세\ 이상\ 인구} \times 100$$

보기

ㄱ. 전국 실업률은 2010년보다 2018년이 높다.

ㄴ. 농가 취업자 수는 2010년보다 2018년이 적다.

ㄷ. 2018년에는 농가 경제활동참가율이 전국 경제활동참가율보다 낮다.

ㄹ. 2010년과 2018년 사이에 전국 취업자 수의 증가율이 만 15세 이상 인구의 증가율보다 높다.

① ㄱ, ㄴ 　　　　　　　② ㄴ, ㄷ

③ ㄱ, ㄷ 　　　　　　　④ ㄷ, ㄹ

 ㄱ. (참) 전국 실업률은 경제 활동 인구수의 증가와 실업자 수의 변화를 살펴보면 2010년보다 2018년이 높다.

ㄴ. (참) 2018년 농가의 인구 감소폭도 매우 크고, 취업률도 낮아졌으므로 취업자 수가 적어졌음을 알 수 있다.

ㄷ. (거짓) 2018년 경제활동참가율은 전국은 $\frac{27,336}{43,863} \times 100 ≒ 62.3\%$이고, 농가는 $\frac{2,150}{2,872} \times 100 ≒ 74.8\%$이므로 농가의 경제활동참가율이 더 높다.

ㄹ. (거짓) 취업자 수의 증가율은 $\frac{(26,421-24,168)}{26,421} \times 100 ≒ 8.5\%$이고, 만 15세 이상 인구의 증가율은 $\frac{(43,863-38,778)}{43,863} \times 100 ≒ 11.5\%$이므로 취업자 수의 증가율이 더 낮다.

따라서 옳은 것은 ㄱ, ㄴ이다.

06 밑줄 친 단어와 문맥적으로 가장 가까운 것은?

> 정부는 사회간접자본 지출을 통한 경기 부양 효과를 지나치게 낙관적으로 <u>보고</u> 있다.

① 관찰하고　　　　　　　② 예언하고
③ 간주하고　　　　　　　④ 전망하고

정답해설 주어진 문장에서 밑줄 친 '보고'는 '앞날을 헤아려 내다보다'라는 의미를 지니므로 '전망하다'와 문맥적으로 가장 유사하다.

오답해설
① **관찰하다** : 사물이나 현상을 주의하여 자세히 살펴보다.
② **예언하다** : 앞으로 다가올 일을 미리 알거나 짐작하여 말하다.
③ **간주하다** : 상태, 모양, 성질 따위가 그와 같다고 여기거나 생각하다.

1DAY　2DAY　3DAY

07 다음 표는 2018년 요양기관 현황에 관한 것이다. 이에 대한 〈보기〉의 설명 중 적절한 것은?

〈표〉 2018년 요양기관 현황

(단위 : 개)

지역 \ 구분	계	상급종합병원	종합병원	병원	의원
서울	8,392	14	42	332	8,004
부산	2,592	4	25	336	2,227
대구	1,861	4	8	175	1,674
인천	1,621	3	15	126	1,477

보기

ㄱ. 요양기관 중 종합병원의 비율은 서울보다 부산이 더 높다.
ㄴ. 대구의 요양기관 중 병원의 비율은 10%이상이다.
ㄷ. 요양기관 중 의원의 비율이 가장 높은 지역은 인천이다.

① ㄱ
② ㄷ
③ ㄱ, ㄴ
④ ㄱ, ㄴ, ㄷ

 정답해설

ㄱ. (참) 서울의 종합병원 비율은 $\frac{42}{8,392} \times 100 ≒ 0.5\%$이고,

부산의 종합병원 비율은 $\frac{25}{2,592} \times 100 ≒ 0.9\%$이므로 부산이 더 높다.

ㄴ. (거짓) 대구의 요양기관 중 병원의 비율은 $\frac{175}{1,861} \times 100 ≒ 9.4\%$이므로 10%미만이다.

ㄷ. (거짓) 지역별 요양기관 중 의원의 비율을 구해보면 서울의 의원 비율은 $\frac{8,004}{8,392} \times 100 ≒ 95.3\%$

부산의 의원 비율은 $\frac{2,227}{2,592} \times 100 ≒ 85.9\%$ 대구의 의원 비율은 $\frac{1,674}{1,861} \times 100 ≒ 89.9\%$

인천의 의원 비율은 $\frac{1,477}{1,621} \times 100 ≒ 91.1\%$ 비율이 가장 높은 지역은 서울이다.

따라서 옳은 것은 ㄱ이다.

08 다음 주어진 사내 공고에서 수정 사항 중 적절하지 <u>않은</u> 것은?

공 고
○○처리 관련 업무처리 지시

　　○○업무는 ⊙ 고객요청에 응하여 희망하는 시기에 원활히 물품을 공급토록 추진하는 업무로서 항상 등 업무처리에는 신속·정확과 신뢰성이 요구되고 있어 그간 수차례 걸쳐 ⓒ 업무처리의 적극성을 지시, 촉구한 바 있으나 아직도 동 업무의 중요성을 인식하지 못하고 처리일정을 지연 또는 ⓒ 방치시키는 현상이 있어 다음과 같이 재지시하니 시행에 철저를 기하여 주시기 바랍니다.

1. 접수 담당자는 ○○신청서 날인란에 일부를 날인할 것.
2. 결재자는 처리일정을 확인하고, 지연 시는 그 원인을 ⓔ 분석하여 향후 유사사례가 발생하지 않도록 대책을 강구할 것.
3. 처리가 지연될 경우에는 지연사유를 당해 고객에게 필히 안내할 것.
4. 제출하여야 할 증빙서류는 처리과정 중에서 1~2회 정도 고객에게 미리 안내하여 제출토록 함으로써 적기 공급을 도모할 것. 끝.

2018년 경영지원팀

① ⊙ : 불필요한 구절을 정리하여 '고객이 희망하는 시기에'로 수정한다.
② ⓒ : '적극적인 업무를'로 수정한다.
③ ⓒ : 불필요한 피동표현이 사용되고 있으므로 '방치하는'이라고 수정한다.
④ ⓔ : 문맥상 자연스러움을 위해 '분석하고'로 수정한다.

정답 해설 ⓔ의 '분석하여'는 문맥상 자연스러운 표현이다. 오히려 '분석하고'가 더 어색한 어미의 표현이므로 수정하지 않는 것이 더 낫다.

09 근로복지공단은 11.01.(목)~11.17.(토)에 공사를 계획하고자 한다. 다음 중 11월 8일에 진행할 공사를 고르면?

11월

일	월	화	수	목	금	토
				1	2	3
4	5	6	7	8	9	10
11	12	13	14	15	16	17

근로복지공단 수원지사 화성별관 신설에 따른 공사 계획 예고

근로복지공단 수원지사(화성별관)는 11.01.(목)~11.17.(토) 기간 동안 여러 가지 공사를 진행하려고 합니다.

- 공사 기간은 누수공사 4일, 전기공사 2일, 가스공사 4일, 난방공사 2일 동안 진행할 예정이다.
- 전기공사와 난방공사는 업무에 방해가 안 되도록 주말에만 2일 연달아 진행할 예정이다.
- 누수공사와 가스공사는 평일에만 4일 연달아 진행할 예정이다.
- 전기공사는 업체 측 사정으로 7일 이후 가능하다.
- 누수공사보다 가스공사를 더 빨리 진행할 예정이다.
- 매주 월요일은 전체 회의로 모든 공사를 진행하지 않을 예정이다.
- 모든 공사는 하루에 한 가지만 진행할 예정이다.

설치계획을 위와 같이 예고하오니 설치에 대하여 의견이 있으신 분은 10.31.까지 수원지사 경영복지부로 연락주시기 바랍니다.

2018.10.01. 수원지사 경영복지부

① 누수공사   ② 전기공사
③ 가스공사   ④ 난방공사

정답
해설

매주 월요일은 모든 공사를 진행하지 않고, 11월 8일은 평일이므로 평일에 진행할 공사는 누수공사와 가스공사이다. 또한 누수공사보다 가스공사를 더 빨리 진행해야 되므로 11월 6일~9일까지는 가스공사를 진행할 예정이다. 따라서 11월 8일에 진행할 공사는 가스공사이다.

전체 공사일정은 다음과 같다.

일	월	화	수	목	금	토
				1	2	3 난방공사
4 난방공사	5 공사 없음	6 가스공사	7 가스공사	8 가스공사	9 가스공사	10 전기공사
11 전기공사	12 공사 없음	13 누수공사	14 누수공사	15 누수공사	16 누수공사	17

10 부산에서 서울을 왕복하는 어떤 열차는 중간에 대구, 대전, 천안, 수원에만 정차한다고 한다. 각 역에서 발매하는 승차권에는 출발역과 도착역이 동시에 표시되어 있다. 예를 들어 대구에서 천안으로 가려는 사람이 구입한 승차권에는 대구 → 천안 이라고 표시된다. 5개의 역에서 준비해야 하는 서로 다른 승차권의 종류는 모두 몇 개인가?(단, 왕복표는 준비하지 않는다.)

① 28개 　　　　　　　　　② 30개
③ 32개 　　　　　　　　　④ 34개

정답
해설

열차는 부산에서 서울을 왕복하므로 출발역과 도착역을 선택해야 한다. 따라서 출발역을 선택하는 경우의 수는 6이고, 도착역은 출발역을 제외한 역 중 선택해야 하므로 경우의 수는 5이다.

따라서 준비해야 하는 서로 다른 승차권의 종류는 $6 \times 5 = 30$(개)이다.

11 6명의 사원 A, B, C, D, E, F를 임의로 2명씩 짝을 지어 3개의 조로 편성하려고 한다. A사원과 B사원은 같은 조에 편성되고, C사원과 D사원은 서로 <u>다른</u> 조에 편성될 확률은?

① $\dfrac{1}{15}$ ② $\dfrac{2}{15}$

③ $\dfrac{1}{5}$ ④ $\dfrac{4}{15}$

정답해설 6명을 2명, 2명, 2명으로 3개의 조로 편성하는 방법의 수는

$$_6C_2 \times {}_4C_2 \times {}_2C_2 \times \frac{1}{3!} = 15 \times 6 \times \frac{1}{6} = 15$$

A사원과 B사원이 같은 조에 편성되고, C사원과 D사원이 서로 다른 조에 편성되려면 E사원, F사원을 각각 C사원, D사원과 짝을 이루도록 해야 하므로 이때 방법의 수는 2!=2

따라서 구하는 확률은 $\dfrac{2}{15}$

12 다음 주어진 문단을 순서대로 가장 바르게 배열한 것을 고르면?

(가) 빌리루빈의 대사와 배설에 장애가 있을 때 여러 임상 증상이 나타날 수 있다. 따라서 빌리루빈이나 빌리루빈 대사물의 양을 측정한 후, 그 값을 정상치와 비교하면 임상 증상을 일으키는 원인이 되는 질병이나 문제를 추측할 수 있다.

(나) 적혈구는 일정한 수명을 가지고 있어서 그 수와 관계없이 총 적혈구의 약 0.8% 정도는 매일 몸 안에서 파괴된다. 파괴된 적혈구로부터 빌리루빈이라는 물질이 유리되고, 이 빌리루빈은 여러 생화학적 대사 과정을 통해 간과 소장에서 다른 물질로 변환된 후에 대변과 소변을 통해 배설된다.

(다) 간세포에서 분비된 담즙을 통해 소장으로 들어온 결합 빌리루빈의 절반은 장세균의 작용에 의해 소장에서 흡수되어 혈액으로 이동하는 유로빌리노젠으로 전환된다. 나머지 절반의 결합 빌리루빈은 소장에서 흡수되지 않고 대변에 포함되어 배설된다. 혈액으로 이동한 유로빌리노젠의 일부분은 혈액이 신장을 통과할 때 혈액으로부터 여과되어 신장으로 이동한 후 소변으로 배설된다. 하지만 대부분의 혈액 내 유로빌리노젠은 간으로 이동하여 간세포에서 만든 담즙을 통해 소장으로 배출되어 대변을 통해 배설된다.

(라) 적혈구로부터 유리된 빌리루빈은 강한 지용성 물질이어서 혈액의 주요 구성물질인 물에 녹지 않는다. 이런 빌리루빈을 비결합 빌리루빈이라고 하며, 혈액 내에서 비결합 빌리루빈은 알부민이라는 혈액 단백질에 부착된 상태로 혈류를 따라 간으로 이동한다. 간에서 이 비결합 빌리루빈은 담즙을 만드는 간세포에 흡수되고 글루쿠론산과 결합하여 물에 잘 녹는 수용성 물질인 결합 빌리루빈으로 바뀌게 된다. 결합 빌리루빈의 대부분은 간세포에서 만들어져 담관을 통해 분비되는 담즙에 포함되어 소장으로 배출되지만 일부는 다시 혈액으로 되돌려 보내져 혈액 내에서 알부민과 결합하지 않고 혈류를 따라 순환한다.

① (가) ─ (다) ─ (나) ─ (라) ② (가) ─ (라) ─ (다) ─ (나)

③ (나) ─ (라) ─ (다) ─ (가) ④ (나) ─ (다) ─ (라) ─ (가)

 파괴되는 적혈구를 설명한 (나)가 문단의 처음 나오는 것이 적절하고, (나)에서 파괴된 적혈구로부터 빌리루빈이라는 물질이 유리되며, 이 물질에 대한 설명이 (라)에 나온다. 이후 (라)에서 비결합 빌리루빈과 글루쿠론산이 결합한 결합 빌리루빈에 대한 설명이 나오며, 결합 빌리루빈의 대부분이 소장으로 배출된 후 모습을 (다)에서 설명하고 있다. (다)에서 소장으로 들어온 결합 빌리루빈이 혈액으로 이동하면

유로빌리노젠으로 전환되고, 대부분 간으로 이동하여 간세포에서 만든 담즙을 통해 소장으로 배출되어 대변을 통해 배설된다고 한다. 이후 (가)에서 배설에 장애가 있을 경우에 대해 설명하고 있다. 따라서 주어진 문단을 순서대로 배열하면 (나)—(라)—(다)—(가)이다.

[13~14] **A대리는 OJT 담당자로 3개의 인쇄소 중 가장 저렴한 곳에서 OJT 일지를 준비하려고 한다. 다음 주어진 자료를 보고 물음에 답하시오.**

〈표1〉 각 인쇄소의 비용

구분		① 인쇄소	① 인쇄소	© 인쇄소
내지	흑백	30원	35원	38원
	컬러	45원	42원	40원
표지	코팅지	410원	420원	400원
	하드커버	500원	480원	420원
제본 형태	무선	800원	700원	750원
	스프링	1,000원	1,500원	1,200원

※ 내지와 표지는 페이지당 가격임
  제본 형태는 권당 가격임

〈표2〉 각 인쇄소의 이벤트

① 인쇄소	① 인쇄소	© 인쇄소
20권 이상 구매 시 10% 할인	1년 이내 재주문 시 15% 할인	30권 이상 인쇄 시 무선제본 무료

〈OJT 관련 사항〉

• OJT에 참석 인원은 총 45명이다.

• 참석 인원에 포함된 진행 직원 10명은 자료가 필요 없다.

• 인쇄해야 하는 일지자료의 내지는 총 120페이지로 앞에 20페이지는 컬러이고, 남은 페이지는 흑백이다.

• 일지의 앞과 뒤에 코딩지표지를 한 장씩 처리한다.

• 일지는 무선제본 처리를 한다.

• 6개월 전 OJT일지는 ⓒ 인쇄소에서 찍었다.

13 위의 자료를 보고 A대리가 선택할 인쇄소와 지급해야 할 금액을 바르게 짝지은 것은?

① ㉠ 인쇄소, 173,880원

② ㉠ 인쇄소, 174,880원

③ ㉡ 인쇄소, 174,930원

④ ㉢ 인쇄소, 174,930원

정답해설 주문내역은 총 35권, 내지는 컬러(20장)＋흑백(100장), 표지 앞뒤로 코팅지, 무선제본이다.

이때, 각 인쇄소의 일지자료 총 가격을 구해보면

㉠ 인쇄소의 경우

$\{(30 \times 100)+(45 \times 20)\} +(410 \times 2)+800\} \times 35 \times 0.9$

$=173,880원$

㉡ 인쇄소의 경우

$\{(35 \times 100)+(42 \times 20)\} +(420 \times 2)+700\} \times 35 \times 0.85$

$=174,930원$

㉢ 인쇄소의 경우

$\{(38 \times 100)+(40 \times 20)\} +(400 \times 2)\} \times 35=189,000원$

따라서 A대리가 선택할 인쇄소와 지급해야 할 금액은 ㉠ 인쇄소, 173,880원이다.

14

A대리는 추가 합격한 15명의 신입사원들을 위해 OJT일지를 더 주문해야 하는 상황이다. 이때, 일지의 앞과 뒤에 하드커버를 한 장씩 처리하고, 스프링제본으로 한다면 A대리가 선택할 인쇄소와 지급해야 할 금액을 바르게 짝지은 것은?(단, 내지의 페이지 구성은 동일하고, 과거 ⓒ 인쇄소에서 찍었던 사실은 그대로이다.)

① ⑦ 인쇄소, 85,400원

② ⑦ 인쇄소, 86,600원

③ ⓒ 인쇄소, 86,700원

④ ⓒ 인쇄소, 87,500원

정답 해설

추가주문내역은 총 15권, 내지는 컬러(20장)＋흑백(100장)으로 동일하고, 표지 앞뒤로 하드커버, 스프링제본이다.

이때, 각 인쇄소의 일지자료 총 가격을 구해보면

⑦ 인쇄소의 경우

$\{(30 \times 100) + (45 \times 20)\} + (500 \times 2) + 1,000\} \times 15 = 88,500$원

ⓒ 인쇄소의 경우

$\{(35 \times 100) + (42 \times 20)\} + (480 \times 2) + 1,500\} \times 15 \times 0.85 = 86,700$원

ⓒ 인쇄소의 경우

$\{(38 \times 100) + (40 \times 20)\} + (420 \times 2) + 1,200\} \times 15 = 99,600$원

따라서 A대리가 선택할 인쇄소와 지급해야 할 금액은 ⓒ 인쇄소, 86,700원이다.

15 근로복지공단에 입사하기 위해 필기시험을 준비 중인 A씨와 B씨가 어떤 문제를 맞힐 확률이 각각 $\frac{2}{5}$, $\frac{3}{7}$이라 한다. 이때, 두 사람 중 적어도 한 사람은 이 문제를 맞힐 확률은?

① $\frac{22}{35}$

② $\frac{23}{35}$

③ $\frac{24}{35}$

④ $\frac{5}{7}$

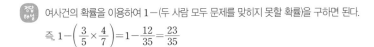

정답해설 여사건의 확률을 이용하여 1−(두 사람 모두 문제를 맞히지 못할 확률)을 구하면 된다.

즉, $1 - \left(\frac{3}{5} \times \frac{4}{7} \right) = 1 - \frac{12}{35} = \frac{23}{35}$

16 빨간 주사위와 파란 주사위를 동시에 던질 때, 나오는 눈의 합이 4 또는 6이 되는 경우의 수를 구하면?

① 5가지

② 6가지

③ 7가지

④ 8가지

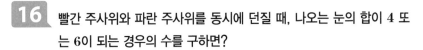

정답해설 빨간 주사위(R)와 파란 주사위(B)가 나온 눈을 (R, B)로 표시할 때, 각각의 경우의 수는 다음과 같다.

• 눈의 합이 4가 되는 경우 : (1, 3), (2, 2), (3, 1)
• 눈의 합이 6이 되는 경우 : (1, 5), (2, 4), (3, 3), (4, 2), (5, 1)
따라서 눈의 합이 4 또는 6이 되는 경우의 수는 모두 '8가지'이다.

 정답 14 ③ | 15 ② | 16 ④

1DAY

2DAY

3DAY

[17~18] 다음은 신발을 만드는 회사의 시리얼 넘버 생성표이다. 다음 주어진 자료를 보고 물음에 답하시오.

> 예 (제조 연도)－(생산 공장 코드)－(제품 종류 코드)－(제품 생산 번호)
> 2018년 7월에 베트남 2공장에서 10,522번째로 만든 5cm 굽의 부츠
> 1807－W2200－A312－010522

〈표〉 시리얼 넘버 생성표

제조 연도	생산 공장 코드			제품 종류 코드				제품 생산 번호
2018년 8월 → 1808	W1	한국	100 1공장	A1	구두	11	3cm	21,500번째 → 021500
			200 2공장			12	5cm	
			300 3공장			13	7cm	
	W2	베트남	100 1공장	A2	워커	11	3cm	
			200 2공장			12	5cm	
			300 3공장			13	7cm	
	W3	중국	100 1공장	A3	부츠	11	3cm	
			200 2공장			12	5cm	
			300 3공장			13	7cm	

17 2018년 11월에 한국 3공장에서 120번째로 만든 7cm 워커의 시리얼 넘버로 알맞은 것은?

① 1811－W1300－A111－120000
② 1811－W1300－A312－012000
③ 1811－W1300－A213－000120
④ 1811－W1300－A113－000120

정답
해설
주어진 조건에 맞는 시리얼 넘버를 찾아보면

2018년 11월 : 1811

한국 3공장 : W1300

120번째로 만든 : 000120

7cm 워커 : A213

따라서 '1811－W1300－A213－000120'이 알맞은 시리얼 넘버이다.

18 A고객은 **3cm 부츠를** 구입했으나 너무 낮아 **5cm 부츠로** 교환하였다고 한다. 이때, 교환 전과 교환 후 신발 시리얼 넘버가 바르게 짝지어진 것은?(단, 교환은 제품 종류에 관한 문제일 때만 가능하다.)

교환 전	교환 후
① 1801－W2100－A113－021011	1802－W1300－A112－100077
② 1803－W2300－A311－000120	1804－W2100－A312－011890
③ 1804－W3300－A212－099000	1811－W2300－A113－003020
④ 1807－W1100－A111－061008	1811－W3300－A313－077803

정답
해설
A고객은 3cm 부츠를 5cm 부츠로 교환하였으므로

A311→A312로 바뀐 시리얼 넘버를 찾으면 ②이 바르게 짝지어졌다.

교환은 제품 종류에 대해서만 가능하므로 다른 시리얼 넘버는 교환 전과 후가 달라져도 상관없다.

오답
해설
① 7cm 구두를 5cm 구두로 교환한 경우

③ 5cm 워커를 7cm 구두로 교환한 경우

④ 3cm 구두를 7cm 부츠로 교환한 경우

1DAY

2DAY

3DAY

19 다음 글의 제목으로 가장 적절한 것은?

도덕적 선택의 순간에 직면했을 때 상대방에게 개인적 선호(選好)를 드러내는 행동이 과연 도덕적으로 정당할까? 도덕 철학자들은 이 물음에 대해 대부분 부정적 반응을 보이며 도덕적 정당화의 조건으로 공평성(impartiality)을 제시한다. 공평주의자들의 관점에서 볼 때 특권을 가진 사람은 아무도 없다. 사람들은 인종, 성별, 연령에 관계없이 모두 신체와 생명, 복지와 행복에 있어서 동일한 가치를 지닌다. 따라서 어떤 개인에 대해 행위자의 선호를 표현하는 도덕적 선택은 결코 정당화 될 수 없다. 공평주의자들은 사람들 간의 차별을 인정하지 않기 때문에 개인이 처해 있는 상황이 어떠한가에 따라 행동의 방향을 결정해야 한다고 말한다.

그런데 우리 모두는 특정 개인과 특별한 친분 관계를 유지하면서 살아간다. 상대가 가족인 경우는 개인적 인간관계의 친밀성과 중요성이 매우 강하다. 가족 관계라 하여 상대에게 특별한 개인적 선호를 표현하는 행동이 과연 도덕적으로 정당화될 수 있을까? 만약 허용된다면 어느 선까지 가능할까? 다음 두 경우를 생각해보자.

철수는 근무 중 본부로부터 긴급한 연락을 받았다. 동해안 어떤 항구에서 혐의자 한 명이 일본으로 밀항을 기도한다는 첩보가 있으니 그를 체포하라는 것이었다. 철수가 잠복 끝에 혐의자를 체포했더니, 그는 하나밖에 없는 친형이었다. 철수는 고민 끝에 형을 놓아주고 본부에는 혐의자를 놓쳤다고 보고했다.

민수는 두 사람에게 각각 오천만 원의 빚을 지고 있었다. 한 명은 삼촌이고 다른 한 명은 사업상 알게 된 영수였다. 공교롭게도 이 두 사람이 동시에 어려운 상황에 처해서 오천만 원이 급히 필요하게 되었고, 그보다 적은 돈은 그들에게 도움이 될 수 없는 상황이었다. 이를 알게 된 민수는 노력한 끝에 오천만 원을 마련하였고, 둘 중 한 명에게 빚을 갚을 수 있게 되었다. 민수는 삼촌의 빚을 갚았다.

철수의 행동은 도덕적으로 정당화될 수 있는가? 혐의자가 자신의 형임을 알고 놓아주었으므로 그의 행동은 형에 대한 개인적 선호를 표현한 것이다. 따라서 그는 모든 사람의 복지와 행복을 동일하게 간주해야 하는 공평성의 기준을 지키지 않았다. 그의 행동은 도덕적으로 정당화되기 어려워 보인다.

그렇다면 민수의 행동은 정당화될 수 있는가? 그는 분명히 삼촌에 대한 개인적 선호를 표현했다. 민수가 공평주의자라면 삼촌과 영수의 행복이 동일하기 때문에 오직 상황을 기준으로 판단해야 한다. 만약 영수가 더 어려운 상황에 빠져 있고 삼촌이 어려운 상황이 아니었다면, 선택의 여지가 없이 영수의 빚을 갚아야 한다. 그러나 삼촌과 영수가 처한 상황이 정확하게 동일하기 때문에 민수에게는 개인적 선호가 허용된다.

강경한 공평주의자들은 이런 순간에도 주사위를 던져서 누구의 빚을 갚을지 결정해야 한다고 주장한다. 이는 개인적 선호를 완전히 배제하기 위해서이다. 반면 온건한 공평주의자들은 이러한 주장이 개인에 대한 우리의 자연스러운 선호를 반영하지 못하기 때문에 그것을 고려할 여지를 만들어 놓을 필요가 있다고 생각한다. 이러한 여지가 개인적 선호의 허용 범위라는 것이다. 그들은 상황적 조건이 동일한 경우에 한정하여 개인적 선호를 허용할 수 있다고 주장한다.

① 공평주의의 적용 방식   ② 도덕적 정당성의 의미
③ 공평주의의 개념과 의의   ④ 개인적 선호와 도덕적 정당성

정답해설 1문단에서 도덕적 선택의 순간에 직면했을 때 상대방에게 개인적 선호를 드러내는 행동이 과연 도덕적으로 정당할지 의문을 제기하며 화제를 제시하고 있다. 이어 사례를 통해 도덕적 정당성에 대한 공평주의자들의 견해에 대해 다루고 있으므로 개인적 선호의 도덕적 정당성을 중심 화제로 삼고 있다고 볼 수 있다.

오답해설 ① 7문단에서 강경한 공평주의와 온건한 공평주의의 적용 방식이 언급되긴 하지만 글의 제목은 아니다.
② 이 글은 도덕적 정당성의 의미를 다루는 것이 아니라 도덕적 선택의 순간에 대한 개인적 선호의 정당성을 다루고 있다.
③ 공평주의의 개념과 의의는 언급하지 않았다.

20 다음과 같은 의미 관계로 보기 어려운 것은?

단단하다 ←─ 반의관계 ─→ 약하다 ←─ 반의관계 ─→ 세다

① 어리다 ↔ 젊다 ↔ 늙다

② 나쁘다 ↔ 좋다 ↔ 싫다

③ 받다 ↔ 주다 ↔ 빼앗다

④ 밀다 ↔ 당기다 ↔ 늦추다

정답해설

'약하다'는 '힘의 정도가 작다'라는 의미로 쓰일 때는 '세다'와 '견디어 내는 힘이 세지 못하다'라는 의미일 때는 '단단하다'와 반의 관계가 된다.

①의 경우 '젊다'와 '늙다'는 반의 관계이지만 '젊다'와 '어리다'는 반의 관계가 성립하지 않으므로 주어진 의미 관계와 다름을 알 수 있다.

오답해설

② 나쁘다 ↔ 좋다 ↔ 싫다

좋다
┌ 대상의 성질이나 내용 따위가 훌륭하여 만족할 만하다 ↔ 나쁘다
└ 어떤 일이나 대상이 마음에 들다 ↔ 싫다

③ 받다 ↔ 주다 ↔ 빼앗다

주다
┌ 물건 따위를 남에게 건네어 가지거나 누리게 하다 ↔ 빼앗다
└ 다른 사람에게 정이나 마음을 베풀거나 터놓다 ↔ 받다

④ 밀다 ↔ 당기다 ↔ 늦추다

당기다
┌ 물건 따위를 힘을 주어 자기 쪽이나 일정한 방향으로 가까이 오게 하다 ↔ 밀다
└ 정한 시간이나 기일을 앞으로 옮기거나 줄이다 ↔ 늦추다

21 1개의 본사와 5개의 지사로 이루어진 어느 회사의 본사로부터 각 지사까지의 거리가 표와 같다.

지사	가	나	다	라	마
거리(km)	50	50	100	150	200

본사에서 각 지사에 A, B, C, D, E를 지사장을 각각 발령할 때, A보다 B가 본사로부터 거리가 먼 지사의 지사장이 되도록 5명을 발령하는 경우의 수는?

① 50   ② 52
③ 54   ④ 56

> **정답해설**
> B의 발령지가 A의 발령지보다 본사로부터 거리가 멀어야 하므로
> B가 발령받는 지사를 기준으로 생각해보면
> (i) B가 (마)지사에 발령받은 경우
>   A가 (마)를 제외한 모든 지사에 발령받을 수 있으므로 B를 제외한 4명을 발령하는 경우의 수와
>   같으므로 $4!=24$
> (ii) B가 (라)지사에 발령받은 경우
>   A가 (가), (나), (다)지사에 발령받을 수 있으므로 A를 발령하는 경우는 3가지이고 나머지 3명을
>   발령하는 경우의 수는 $3!$
>   따라서 $3 \times 3!=18$
> (iii) B가 (다)지사에 발령받은 경우
>   A가 (가), (나)지사에 발령받을 수 있으므로 A를 발령하는 경우는 2가지이고 나머지 3명을 발령
>   하는 경우의 수는 $3!$
>   따라서 $2 \times 3!=12$
> (iv) B가 (가) 또는 (나) 지사에 발령받은 경우
>   B는 A보다 본사에서 먼 지사의 지사장이 될 수 없다.
> (i)~(iv)에서 구하는 경우의 수는 $24+18+12=54$

22 다음 자료는 어떤 나라 노인들의 세대구성에 관한 자료이다. 이에 대한 〈보기〉의 설명 중 옳은 것을 고르면? (단, 65세 이상인자를 노인으로 본다.)

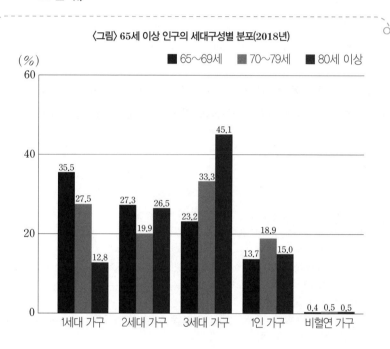

〈그림〉 65세 이상 인구의 세대구성별 분포(2018년)

〈표〉 65세 이상 인구의 세대구성별 분포

(단위 : %)

구분	2017년	2018년	65~69세	70~79세	80세 이상
계	100.0	100.0	100.0	100.0	100.0
1세대가구	16.9	28.7	35.5	27.5	12.8
2세대가구	23.4	23.9	27.3	19.9	26.5
3세대이상가구	49.6	30.8	23.2	33.3	45.1
1인가구	8.9	16.2	13.7	18.9	15.0
비혈연가구	1.2	0.4	0.4	0.5	0.5

ㄱ. 이 나라에서 3세대 이상 가구가 세대구성 형태 중에서 가장 큰 비중을 차지하고 있다.

ㄴ. 2018년 전체 노인가구 중 1인가구가 차지하는 비중은 2017년에 비해 약 1.5배 이상
증가하였다.

ㄷ. 2018년의 2세대 가구수는 2017년과 비교해 볼 때 거의 변화가 없는 것으로 보인다.

① ㄱ   ② ㄴ

③ ㄱ, ㄷ   ④ ㄴ, ㄷ

정답해설

ㄱ. (거짓) 주어진 자료는 65세 이상 인구의 세대구성에 관한 자료이다. 따라서 이 나라 전체인구의 세
대 구성 형태에 관한 것은 주어진 자료로 파악할 수 없는 내용이다.

ㄴ. (참) 2017년도 1인 가구의 비중은 8.9%이고, 2018년 1인 가구의 비중은 16.2%로 약 1.8배가량
증가했음을 알 수 있다.

ㄷ. (거짓) 2018년 2세대 가구의 비중은 23.9%로 2017년의 23.4%와 비교해 큰 변화를 보이고 있지
않다. 그러나 주어진 자료는 %, 즉 비율을 나타내는 것이므로 가구수를 비교해 볼 수는 없다.

따라서 옳은 것은 ㄴ이다.

23 (가)~(라)를 논리적 순서로 배열할 때 가장 적절한 것은?

'국어 순화'를 달리 이르는 말로 이제는 '우리말 다듬기'라는 말이 쓰이고 있다. '국어 순화'라는 말부터 순화해야 한다는 지적이 있었던 상황에서 '우리말 다듬기'라는 말은, 그 의미를 대강 짐작할 수 있는 쉬운 우리말이라는 점에서 국어 순화의 기본 정신에 걸맞는 말이라 할 수 있다.

(가) 우리말 다듬기는 국어 속에 있는 잡스러운 것을 없애고 순수성을 회복하는 것과 복잡한 것을 단순하게 하는 것으로 이해된다.

(나) 또한, 그것은 복잡한 것으로 알려진 어려운 말을 쉬운 말로 고치는 일도 포함한다.

(다) 이렇게 볼 때, 우리말 다듬기란 한마디로 고운 말, 바른말, 쉬운 말을 가려 쓰는 것을 말한다.

(라) 따라서 우리말 다듬기는 잡스러운 것으로 알려진 들어온 말 및 외국어를 가능한 고유어로 재정리하는 것과 비속한 말이나 틀린 말을 고운 말, 표준말로 바르게 하는 것이다. 즉, 우리말 다듬기는 '순우리말(토박이말)'이 아니거나 '쉬운 우리말'이 아닌 말을 순우리말이나 쉬운 우리말로 바꾸어 쓰는 '순우리말 쓰기'나 '쉬운 우리말 쓰기'를 두루 아우르는 말이다. 그러나 우리말 다듬기의 범위를 넓게 잡으면 '순우리말 쓰기'와 '쉬운 우리말 쓰기'뿐만 아니라 '바른 우리말 쓰기', '고운 우리말 쓰기'까지도 포함할 수 있다. '바른 우리말 쓰기'는 규범이나 어법에 맞지 않는 말이나 표현을 바르게 고치는 일을 가리키고, '고운 우리말 쓰기'는 비속한 말이나 표현을 우아하고 아름다운 말로 고치는 일을 가리킨다.

– 김형배, '우리말 다듬기' 중에서

① (가)－(나)－(다)－(라)   ② (가)－(다)－(라)－(나)

③ (가)－(라)－(나)－(다)   ④ (가)－(라)－(다)－(나)

정답해설 (라)는 (가)에 대한 내용을 상세하게 설명하고 있으므로 (가)의 뒤에 위치해야 하며, (라)내용 뒤에 첨가되는 내용을 지닌 (나)가 바로 뒤에 이어져야 한다. (다)는 (가), (라), (나)를 포괄한 결론이기 때문에 맨 끝에 온다는 것을 알 수 있다. 따라서 (가)－(라)－(나)－(다)의 순서로 배열해야 한다.

24 다음 자료는 이동통신 사용자의 화사별 구성비와 향후 회사 이동성향에 관한 것이다. 이 자료에 대한 〈보기〉의 설명 중 옳은 것을 고르면?

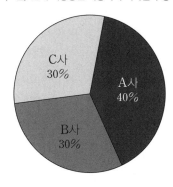

〈그림〉 현재 이동통신 사용자의 회사별 구성비

〈표〉 이동통신 사용자의 회사 이동 성향

(단위 : %)

현재 ＼ 1년 뒤	A사	B사	C사	계
A사	80	10	10	100
B사	10	70	20	100
C사	40	10	50	100

※ 시장에 새로 들어오거나 시장에서 나가는 사용자는 없는 것으로 가정함

보기

ㄱ. 1년 뒤 B사 사용자 구성비는 증가할 것으로 예측된다.
ㄴ. 1년 뒤 총 사용자 가운데 A사 사용자가 47%일 것으로 예측된다.
ㄷ. 1년 뒤에는 전체 이동통신 사용자의 10%가 A사, B사에서 C사로 이동할 것으로 예측된다.
ㄹ. 1년 뒤에는 전체 이동통신 사용자의 32%가 다른 회사로 이동할 것으로 예측된다.

① ㄱ, ㄹ
② ㄴ, ㄷ
③ ㄱ, ㄴ, ㄹ
④ ㄴ, ㄷ, ㄹ

ㄱ. (거짓) 현재 B사 사용자 중에서 70%는 1년 뒤에도 여전히 B사를 이용하고 있기 때문에, 현재 사용자의 B사 구성비 30% 중에서 21%는 1년 뒤에도 B사를 이용할 것이다. 또한 현재 A사 사용자이지만 1년 뒤 B사 사용자가 되는 비율은 10%이므로 A사 구성비 40% 중에서 4%는 B사로 이동할 것이고, 마찬가지로 현재 C사 사용자 중에서 3%가 B사로 이동할 것이다. 따라서 1년 뒤 B사의 구성비는 28%가 되어 현재 30%보다 감소할 것이다.

ㄴ. (참) 현재 A사 사용자 중 80%는 1년 뒤에도 여전히 A사를 이용한다고 했으므로 현재 사용자의 A사 구성비 40% 중 32%는 1년 뒤에도 A사를 이용할 것이다. 또한 현재 B사 사용자이지만 1년 뒤 A사 사용자가 되는 비율은 10%이므로 B사 구성비 30% 중에서 3%는 A사로 이동할 것이고, 마찬가지로 현재 C사 사용자 중에서 12%가 A사로 이동할 것이다. 따라서 1년 뒤 A사의 구성비는 47%가 된다.

ㄷ. (참) A사에서 C사로 이동하는 사람의 비율은 A사 사용자의 10%이므로 현재 A사 사용자의 4%가 C사로 이동할 것이고, B사에서는 6%가 이동할 것이므로 전체적으로 10%가 C사로 이동할 것으로 예측된다.

ㄹ. (참) 1년 뒤에도 현재와 동일한 이동통신 회사를 사용하는 사용자의 비율을 구하는 것이 더 간단하다. 현재 A사 사용자 중 32%, B사 사용자 중 21%, C사 사용자 중 15%는 1년 뒤에도 같은 회사를 이용할 것이므로 모두 68%의 사용자는 이동이 없을 것이다. 따라서 사용자의 100% − 68%＝32%는 1년 뒤에 다른 회사로 이동할 것이다.

따라서 옳은 것은 ㄴ, ㄷ, ㄹ이다.

25 다음 주어진 자료를 보고 항상 옳은 것은?

- A사원, B사원, C사원은 총무부, 인사부, 시설안전부 중 서로 다른 부서에 있다.
- 세 명 중 한 명만 진실을 말한다.
- A사원 : 나는 인사부이다.
- B사원 : 나는 인사부가 아니다.
- C사원 : 나는 시설안전부가 아니다.

① A사원은 시설안전부가 아니다.　　② B사원은 인사부이다.

③ A사원은 총무부이다.　　④ C사원은 총무부가 아니다.

 (ⅰ) A사원의 말이 참이라면

　　A사원은 인사부이다.

　　B사원의 말은 거짓이므로 B사원도 인사부이므로 모순이다.

(ⅱ) B사원의 말이 참이라면

　　B사원은 인사부가 아니므로 총무부 또는 시설안전부이다.

　　C사원의 말은 거짓이므로 C사원은 시설안전부이다. 따라서 B사원은 총무부이며, 남은 것이 인사
부이므로 A사원은 인사부이다. 이는 세 명 중 두 명이 진실을 말한 것이므로 모순이다.

(ⅲ) C사원의 말이 참이라면

　　C사원은 시설안전부가 아니므로 총무부 또는 인사부이다.

　　B사원의 말은 거짓이므로 B사원은 인사부이다. 따라서 C사원은 총무부이고, 남은 것이 시설안전
부이므로 A사원은 시설안전부이다. 해당 경우에만 논리가 성립된다.

따라서 A사원은 시설안전부, B사원은 인사부, C사원은 총무부이다.

26 다음 주어진 공고에서 밑줄 친 ㉠~㉣의 내용 중 적절하지 <u>않은</u> 것은?

공고

2018 사내 교육 프로그램에 관련하여 알려 드립니다.

1. 교육 일시

㉠ 2018년 6월 18일 오후 14시 별관 2층 대회의실

2. 교육책임자

㉡ 전략기획부 차장 김수연

3. ㉢ 교육 대상

가. 기획조정본부 8명   나. 정보화본부 12명

다. 경영지원국 10명   라. 산재보상국 15명

4. 교육 개요

기초 리서치와 통계과정

5. ㉣ 교육내용(5차시)

교육과정 명	교육일정	교육내용
기초리서치 및 통계이해하기	14:00~14:50	– 리서치란 무엇인가 – 리서치의 종류와 특성 – 리서치 대상 표집법
통계와 SPSS 운용법	15:00~15:50	– 기초통계 – 설문지의 코딩과 편칭 – SPSS로 기초통계하기
텍스트 마인딩 (Text Mining) 통계법	16:00~16:50	– 미디어와 미디어컨텐츠 읽어내기 – 언론/방송보도의 통계 SPSS
기초 리서치 통계실습	17:00~17:50	– 기초통계실습 – 텍스트 마인딩 실습

① ㉠

② ㉡

③ ㉢

④ ㉣

정답 해설 교육내용을 살펴보면 14:00~17:50까지 교육과정이 4가지로 짜여 있으므로 ㉣ 교육내용(4차시)가 적절한 표현이다.

27 다음 글의 내용에 부합하지 <u>않은</u> 것은?

책은 인간이 가진 그 독특한 네 가지 능력의 유지, 심화, 계발에 도움을 주는 유효한 매체이다. 하지만, 문자를 고안하고 책을 만들고 책을 읽는 일은 결코 '자연스러운' 행위가 아니다. 인간의 뇌는 애초부터 책을 읽으라고 설계된 것이 아니기 때문이다. 문자가 등장한 역사는 6천 년, 지금과 같은 형태의 책이 등장한 역사 또는 6백여 년에 불과하다. 책을 쓰고 읽는 기능은 생존에 필요한 다른 기능들을 수행하도록 설계된 뇌 건축물의 부수적 파생 효과 가운데 하나이다. 말하자면 그 능력은 덤으로 얻어진 것이다.

그런데 이 '덤'이 참으로 중요하다. 책이 없어도 인간은 기억하고 생각하고 상상하고 표현할 수 있기는 하나 책과 책 읽기는 인간이 이 능력을 키우고 발전시키는 데 중대한 차이를 낳기 때문이다. 또한 책을 읽는 문화와 책을 읽지 않는 문화는 기억, 사유, 상상, 표현의 층위에서 상당한 질적 차이를 가진 사회적 주체들을 생산한다. 그렇기는 해도 모든 사람이 맹목적인 책 예찬자가 될 필요는 없다. 그러나 중요한 것은, 인간을 더욱 인간적이게 하는 소중한 능력들을 지키고 발전시키기 위해서 책은 결코 희생할 수 없는 매체라는 사실이다. 그 능력을 지속적으로 발전시키는 데 드는 비용은 적지 않다. 무엇보다 책 읽기는 결코 손쉬운 일이 아니기 때문이다. 책 읽기에는 상당량의 정신 에너지와 훈련이 요구되며, 독서의 즐거움을 경험하는 습관 또한 요구된다.

① 책 읽기는 별다른 훈련이나 노력 없이도 마음만 먹으면 가능한 일이다.
② 책을 쓰고 읽는 기능은 인간 뇌의 본래적 기능은 아니다.
③ 책과 책 읽기는 인간의 기억, 사유, 상상 등과 관련된 능력을 키우는 데 상당히 중요한 변수로 작용한다.
④ 독서 문화는 특정 층위에서 사회적 주체들의 질적 차이를 유발한다.

정답해설 제시문의 마지막 문장에서 책 읽기에는 상당량의 정신 에너지와 훈련이 요구된다고 하였으므로 별다른 훈련이나 노력 없이 책 읽기가 가능하다는 것은 이 글의 내용과 부합하지 않는다.

오답해설 ② 첫 번째 문단에서 인간의 뇌는 애초부터 책을 읽으라고 설계된 것이 아니라고 하면서 책을 쓰고 읽는 것은 덤으로 얻어진 기능이라고 하였다.
③ 두 번째 문단에서 책과 책읽기는 인간이 이 능력을 키우고 발전시키는 데 중대한 차이를 낳는다고 하였다.

④ 두 번째 문단에서 책을 읽는 문화와 책을 읽지 않는 문화는 기억, 사유, 상상, 표현의 층위에서 상당한 질적 차이를 가진 사회적 주체들을 생산한다고 하였다.

28 다음은 근로복지공단의 매뉴얼이다. 이를 참고하였을 때 옳지 <u>않은</u> 행동을 한 사람을 고르면?

〈고객을 맞는 우리의 자세〉

가. 우리 공단을 방문하시는 경우

- 고객이 담당자를 쉽게 찾을 수 있도록 사무실(부서)입구에는 좌석배치도를 게시하고, 직원들의 자리에도 명패를 비치하겠습니다.
- 방문하신 고객을 먼저 발견한 직원이 친절하고 상냥하게 맞이하고 담당자에게 안내해 드리겠습니다.
- 고객이 방문하시면 하던 일을 멈추고 먼저 고객의 소리를 경청하겠으며, 밝은 목소리와 웃는 얼굴로 고객을 응대하겠습니다.
- 고객의 시간을 소중히 생각하여 방문고객이 5분 이상 기다리지 않도록 신속하게 업무를 처리하겠습니다.
- 담당자가 다른 고객과 상담중이거나 부재중일 경우 양해의 말씀을 드리고 다른 직원에게 안내하겠습니다.
- 사무실 환경을 항상 청결하게 유지하여 고객이 이용하시는데 불편이 없도록 하겠습니다.

나. 직원이 고객을 방문하는 경우

- 방문 전 사전 연락을 하여 방문자의 소속, 성명, 방문목적을 설명하고 고객이 편리한 시간에 방문하도록 하겠습니다.
- 방문 직원은 자기소개를 하고 명함을 전달한 후 정중하고 신속하게 업무를 처리하겠습니다.

다. 전화로 서비스를 요청하시는 경우

- 전화는 벨이 3번 이상 울리기 전에 신속하게 받겠으며, 인사말, 소속부서, 이름을 밝히고 친절하게 응대하겠습니다.
- 가급적 전화 받은 직원이 직접 답변 드리겠으며, 답변이 어려운 경우 양해를 구하고 담당 직원을 명확히 알려드리고 정확하게 연결되도록 하겠습니다.
- 담당직원이 통화(부재)중이거나 정보제공이 어려운 경우 고객의 연락처를 메모하고 최대한 빠른 시간 내에 전화드릴 것을 약속드리겠습니다.
- 통화가 끝났을 때는 종료인사말과 함께 고객이 먼저 전화를 끊으신 후에 수화기를 내려놓겠습니다.

라. 인터넷으로 서비스를 요청하시는 경우

- 우리 공단의 모든 업무는 토탈서비스 등 정보통신망을 활용하여 고객 불편을 최소화하고 처리시간은 단축해 나가겠습니다.
- 전화예약서비스(해피콜)을 운영하겠으며, 전화예약을 하신 경우 당일(업무시간 후 또는 휴무일 예약하시는 경우는 다음 업무 시작일) 전화를 드리도록 하겠습니다.
- 접수 및 처리결과는 SMS(문자서비스) 및 이메일로 알려드리겠습니다.
- 홈페이지 사이버 고객 상담실을 통해 문의하신 내용은 3일 이내 답변드리겠습니다.
- 홈페이지 사이버 고객 상담실 답변에 대한 만족도 조사를 실시하겠습니다.

① 고객이 방문하셔서 먼저 인사만 나눈 뒤 하던 일을 신속하게 마무리 짓고 만나러 간 A씨
② 고객이 방문하셨지만 담당자가 다른 고객과 상담중이어서 양해의 말씀을 드리고 다른 직원에게 안내를 한 B씨
③ 전화 받은 담당직원이 정보제공이 어려운 경우 고객의 연락처를 메모하고 최대한 빠른 시간 내에 전화드릴 것을 약속드린 C씨
④ 홈페이지 사이버 고객상담실을 통해 문의하신 내용은 3일 이내 답변을 드린 D씨

정답
해설
공단으로 고객이 방문하시면 하던 일을 멈추고 먼저 고객의 소리를 경청하며, 밝은 목소리와 웃는 얼굴로 고객을 응대해야 한다. 따라서 A씨는 적절하지 않은 행동을 취했다고 볼 수 있다.

29 다음 문장 구성상 호응이 자연스러운 문장은?

① 길을 다니거나 놀 때에는 차를 조심해야 합니다.
② 준영이의 어릴 때 소박한 꿈은 선생님이 되고 싶었다.
③ 주민들은 보상 거부와 토지 재평가를 요구하고 있습니다.
④ 이 열차는 잠시 후 대전역에 도착하여 1분 동안 정차하겠습니다.

정답해설 ④은 주술 호응이나 수식관계가 자연스럽다.

오답해설 ① 길을 다니거나 놀 때에는 → 길을 다니거나 길에서 놀 때에는 : 목적어 공유의 부당성이 나타나 '길을 다니거나 길을 놀 때에는'으로 잘못 해석된다.
② 꿈은 선생님이 되고 싶었다 → 꿈은 선생님이 되는 것이었다 : 주어와 서술어의 호응이 부적절하다.
③ 보상 거부와 토지 재평가를 요구하고 있습니다 → 보상을 거부하고 토지 재평가를 요구하고 있습니다 : 서술어 공유의 부당성이 나타나 '보상 거부를 요구하고 있다'으로 잘못 해석된다.

[30~31] 다음 A은행의 계좌번호 생성 방법을 보고 물음에 답하시오.

예 (지점번호) – (계정목적) – (발급순서, 랜덤번호)

210 – 798 – 00419

A은행 여의도 지점에서 적금을 목적으로 41번째로 발급받고 랜덤번호 9인 계좌번호

〈표1〉 지점번호

지점	번호	지점	번호	지점	번호
종로 지점	110	목동 지점	330	역삼 지점	430
서울역 지점	100	구로 지점	320	삼성역 지점	420
여의도 지점	210	사당 지점	310	압구정 지점	410
신도림 지점	200	강남 지점	300	동대문 지점	400

〈표2〉 계정목적

계정 목적	보통예금	저축예금	적금	대출	펀드	기업 자유
번호	641	712	798	859	887	924

30 다음 주어진 계좌번호에 대한 설명으로 옳은 것은?

330 – 859 – 05071

① A은행의 목동지점에서 발행된 계좌번호이다.

② 펀드를 위해 만든 계좌번호이다.

③ 5071번째 발행된 계좌번호이다.

④ 같은 목적으로 가입한 사람의 수를 알 수 있다.

정답해설 주어진 계좌번호를 보면

330 : A은행 목동지점에서 발행된 것임을 알 수 있다.

859 : 대출을 목적으로 만든 계좌번호이다.
05071 : 507번째로 발행된 계좌번호이며 랜덤번호는 1이다.
따라서 보기 중에 옳은 것은 ①이다.

 ④ 가입한 사람의 수는 알 수 없다.

31 다음 중 계좌번호에 대한 설명으로 옳지 않은 것은?

① 430 − 641 − 01200 : 보통예금을 목적으로 발행된 계좌번호이다.

② 300 − 712 − 00811 : A은행의 강남지점에서 발행된 계좌번호이다.

③ 100 − 924 − 00755 : 기업자유를 목적으로 75번째 발행된 계좌번호이다.

④ 400 − 887 − 01287 : 동대문지점에서 대출을 목적으로 발행된 계좌번호이다.

 400 − 887 − 01287은 동대문지점에서 펀드를 목적으로 발행된 계좌번호이다. 대출을 목적으로 한 계좌번호는 '859'가 들어간다.

32 다음 주어진 자료를 보고 A~D 중 가장 많은 휴가비를 지급받은 사람은?

근로복지공사 직원 A~D는 7월 23일~7월 30일 중 3일씩 휴가가 주어졌다. 이에 총무부는 다음 표와 조건을 보고 휴가비를 계산하여 지급하고자 한다.

〈7월 달력〉

일	월	화	수	목	금	토
22	23 직원 A 휴가 직원 B 휴가	24 직원 A 휴가 직원 D 휴가	25 직원 D 휴가 직원 C 휴가	26 직원 C 휴가 직원 A 휴가	27 직원 C 휴가 직원 B 휴가	28
29	30 직원 A 휴가 직원 D 휴가	31				

〈휴가비 지급조건〉

• 기본으로 지급되는 비용은 하루 당 40,000원이다

• 주말은 휴가에 포함하지 않으며, 휴가비 또한 지급하지 않는다.

• 일정기간 중 휴가 사용일수 3일 미만인 사람은 제공되는 전체 휴가 비용의 20%를 추가로 지급한다.

• 일정기간 중 휴가 사용일수 3일 초과인 사람은 제공되는 전체 휴가 비용의 20%를 삭감한다.

• 3일의 휴가를 연속으로 사용한 사람에게는 20,000원을 추가 지급한다.

① 직원 A
② 직원 B
③ 직원 C
④ 직원 D

정답 해설 각 직원의 휴가비를 계산해보면

직원 A의 경우 23일~24일, 26일, 30일로 총 4일 휴가를 보냈으므로 {40,000(원)×4(일)} ×0.8=128,000(원)

직원 B의 경우 23일, 27일로 총 2일 휴가를 보냈으므로 {40,000(원)×2(일)} ×1.2=96,000(원)

직원 C의 경우 25일~27일로 총 3일 연속휴가를 보냈으므로 {40,000(원)×

3(일)} +20,000(원)=140,000(원)

직원 D의 경우 24일~25일, 30일로 총 3일 휴가를 보냈으므로 40,000(원)×3(일)=120,000(원)

따라서 직원 C가 가장 많은 휴가비를 지급받는다.

[33~34] 다음은 성희롱에 대한 관리자의 대처 매뉴얼 자료이다. 물음에 답하시오.

〈성희롱에 대한 관리자의 대처 매뉴얼〉

피해자가 성희롱 문제에 대해 조언을 구하는 대상이 직속상사인 경우가 많기 때문에 관리자의 역할이 중요하다. 관리자는 피해자보다 직급이 높은 조직 구성원을 통칭하며, 성희롱 사건 발생 시 조직이 어떻게 대응하느냐가 피해자 구제에서 매우 중요하므로 관리자는 법률(양성평등기본법, 남녀고용평등과 일·가정 양립지원에 관한 법률, 국가인권위원회법 등)에서 규정하고 있는 고용 상 불이익, 행위자에 대한 징계나 그밖에 이에 준하는 조치, 불리한 조치의 금지, 고객 등 제3자에 의한 성희롱 피해 시 조치 노력 의무, 사업주에 대한 양벌규정, 사용자 책임과 조치의무 위반에 대한 불법행위 책임은 물론 조직 내 관련 규정에 대하여 잘 알고 있어야 하며, 피해자 보호 원칙 또한 구체적으로 알고 있어야 한다. 직장 내 성희롱은 종사자 그리고 고객 등에 의해 다양하게 발생할 수 있으며, 직장 근무지, 회식 장소, 거래처 등 그밖에 여러 상황에서 발생할 수 있다는 점을 알고 상황별, 유형별 특성을 알고 대처해야 한다.

1. 사건인지 단계
- 조직 내 성희롱 사건처리 업무담당 부서가 있다면 그곳에 관련 사건을 인지하는 즉시 보고한다.
- 상담은 피해자가 원하는 경우에만 진행하는 것이 원칙이다.
- 상담내용에 대한 비밀보장을 최우선으로 한다.
- 피해자에게 직장생활에 어려운 점이 있는지 물어보고 도움이 필요하면 언제든지 도와주겠다는 메시지를 전달한다.
- 성희롱 사건을 인지하는 즉시 피해자와 행위자를 분리할 수 있는 방안을 모색하여 조치를 취한다.

- 민원인에 의한 성희롱 피해를 인지하게 되면 피해 당사자의 의사에 따라 신속하게 대민업무를 중지하도록 하고, 근무 장소 변경 및 배치전환 등의 조치를 취할 방안을 찾아본다. 이 과정에서 피해자에게 고용상의 불이익이 발생하지 않도록 최선을 다해야 한다.

2. 피해자와 상담단계
- 피해자와의 상담은 성희롱 고충상담창구에서 담당하는 것이 통상적이지만 피해자가 직속 상사 등의 관리자에게 사건을 이야기 하는 경우가 많다. 이 단계에서 관리자는 사건에 대하여 판단하거나 행위자에 대하여 대응하려 하지 말고 피해자의 상황을 충분히 경청하고 공감하며, 기관 내 고충처리 절차 등에 대해 필요한 정보를 전달하는 역할에 충실 한다.
- 상담과정에서 행위자를 옹호하거나 행위자의 입장을 대변하는 것과 같은 표현을 하지 말아야 한다.
- 피해자가 원치 않는 방식으로 사건이 공개되지 않도록 비밀을 지켜야 한다.
- 행위자에 대해 사건에 대해 아는 체를 하거나 상담을 제안하는 행동은 하지 말아야 한다.
- 공식적인 결과가 나오기 이전이라 하더라도 피해자 보호를 위해 필요한 조치에 관해 관리자로서 취할 수 있는 방안이 무엇인지 살펴 가능한 것들은 실시한다(예 피해자가 요청하는 휴가 승인, 행위자의 재택근무 또는 업무장소 및 일정 조정 등).

3. 행위자 면담단계
- 관리자가 인지한 성희롱 사건을 담당부서에 보고하고 나면 행위자를 직접 만나는 일은 필요하지 않지만 관리자로서 행위자와 면담을 하게 되는 경우에는 다음의 사항을 유념하도록 한다.
  - 행위자를 면담하는 것은 사건에 대한 판단, 결정, 화해가 목적이 아니라 피해자 보호, 추가적인 피해자의 존재 여부 확인 등의 차원에서 직속상사로서 즉각 취해야 할 조치가 있는지 등을 판단하기 위한 목적이어야 한다.
  - 행위자 면담에 대하여 준비가 되지 않고 오히려 오해를 초래할 위험이 있다고 판단되면 관리자가 행위자 면담을 해서는 안 되며, 성희롱 고충상담 업무담당자에게 인계하는 것이 합리적이다.
  - 행위자를 면담할 때는 공격적인 대화를 하지 않도록 하고, 공식적인 결과가 나오기 전에 가해자로 단정하는 태도를 보이지 않도록 유의해야 한다. 행위자를 비난하는 행위는 부적절하며, 공정하고 객관적인 태도를 유지하도록 노력해야 한다.

– 행위자에 대하여 해당 사건과 피해자에 대한 소문유포 및 비난, 위협, 원치 않는 만남 강요 등의 행위는 피해자에 대한 불이익한 조처이므로 절대로 해서는 안 된다는 점을 구체적이고 확실하게 고지해야 한다.

4. 고충처리 담당기구와의 협의 및 인계단계

• 상담을 거쳐 고충처리 담당부서로 신고 및 접수가 이루어지게 되면 신속하고 공정하게 절차를 진행하고, 사건의 지연으로 인한 2차 피해가 발생하지 않는지 진행 상황을 주시한다.

• 고충처리 상담부서로부터 진술 요청이 들어오면 피해자 및 행위자와의 상담 등으로 파악한 사실관계를 객관적으로 진술하여 처리 절차에 적극 협조하도록 한다.

• 조직 내에서 해당 사건에 대한 소문이 돈다는 것을 알게 되는 경우 소문 유포자에 대하여 2차 가해 행위에 해당할 수 있음을 고지한다.

• 피해자가 고충처리 절차 내에서 어려움을 겪지 않는지 상급자로서 관심을 표한다.

5. 사건 종료 이후 단계

• 성희롱 판단여부와 관계없이 부적절한 행동으로 구성원에게 불쾌감을 주는 행위를 반복적으로 하지 않도록 조치하고, 성희롱 예방 교육 강화 및 모니터링을 통해 성희롱 예방을 위해 지속적으로 노력한다.

• 인사부서와 협의하여 피해자에 대한 성희롱이 재발되지 않도록 행위자에 대한 부서 전환을 통해 피해자와 행위자가 대면하지 않도록 조치한다. 이 경우 성희롱 피해자에게 불이익이 발생하지 않고, 피해자가 직무에 원만히 복귀할 수 있도록 적극 지원해야 한다.

• 성희롱 사건의 종결 이후에도 피해자에 대한 성희롱이 재발되거나 보복이 이루어지지 않도록 계속 관심을 갖고 모니터링 해야 한다.

33 자료를 읽고 이에 대한 반응으로 가장 적절하지 않은 사람은?

① A 사원 : 피해자들이 관리자들에게 말하는 경우가 많아 그들의 역할이 중요해.

② B 사원 : 피해자가 원치 않는 방식으로 사건이 공개되지 않도록 비밀을 지켜야 해.

③ C 사원 : 관리자가 행위자를 면담하는 경우는 사건의 화해가 목적이어야겠어.

④ D 사원 : 사건 종결 이후에도 재발되지 않도록 모니터링을 해야 해.

관리자가 행위자를 면담하는 것은 사건에 대한 판단, 결정, 화해가 목적이 아니라 피해자 보호, 추가적인 피해자의 존재 여부 확인 등의 차원에서 직속상사로서 즉각 취해야 할 조치가 있는지 등을 판단하기 위한 목적이어야 한다.

34 다음 기사에서 성희롱 예방을 위한 회사의 태도가 가장 부적절하다고 생각되는 것은?

지난 2011년 9월, ○○회사 직원(당시 팀장) 한 모씨는 늦은 밤 여성 부하 직원에게 전화를 걸어 입에 담지도 못할 망언과 여성 성기를 이르는 욕설 등을 쏟아냈다. 이를 예상하지 못했던 피해자는 스피커폰으로 전화를 받았고 함께 있던 남편과 8살, 11살 자녀들이 고스란히 한 씨가 내뱉은 욕설을 듣게 됐다. 당시 직장 내 성희롱 대책과 체계가 제대로 갖춰지지 않아 회사는 서울시 윤리 규정을 적용해 정직 처분을 내렸지만 가해 직원은 '징계가 과하다'며 항소했고, 징계는 감봉에 그쳤다.

최근 이 성희롱 가해 직원이 피해 직원의 인접 근무지의 고위직으로 발령이 나 논란이 거세지고 있다. 이에 29일 ○○회사 노동조합은 서울시청 앞에서 기자회견을 열어 서울시에 ○○회사에 대한 특별감독을 요청하고 나섰다. ○○회사 노조는 "○○회사가 성희롱 피해자를 두 번 짓밟는 인사 발령을 했다"며 "가해 직원은 지금껏 이렇다 할 반성도 사과도 없는 것으로 알려졌는데, 이런 부도덕한 인사를 현장 고위 책임자로 버젓이 발령냈다"며 비판했다. 노조는 "회사 경영진의 태도야말로 피해자를 두 번 울리는 반인권적 형태의 극치"라고 비판했다.

하지만 ○○회사는 가해자 처벌이 이미 이뤄졌기 때문에 인사 발령에는 문제가 없다는 입장을 내비치고 있다. ○○회사 관계자는 "그간 가해 직원을 보직에서 배제하는 등의 인사 조처를 했다"며 "피해 직원과 가해 직원이 같은 조직에 상하관계로 근무하는 것은 아니기 때문에 7년 전 일로 인사 발령을 철회하기는 현실적으로 어려운 측면이 있다"고 말했다. 그러면서 "이번 발령도 가까운 곳이긴 하지만 같은 부서 발령은 아니다"며 "(피해자가 가해자와)대면하거나 지휘받을 일은 없다"고 전했다.

○○회사 노조는 "○○회사는 피해자를 다른 근무지로 옮기도록 권유하는가 하면 '재기

의 기회를 주는 게 어떠냐는 여러 의견이 있다'는 식으로 가해자를 두둔하고 있다"며 "잘 못된 인사발령을 철회하고 재발 방지 대책을 마련해야 한다"고 강조했다. 사건 이후 피해 직원은 상사를 고발한 직원으로 찍혀 인사 때마다 여러 부당한 조치를 받았고, 동료들은 가해자였던 팀장은 '언제고 돌아올 사람'이라며 피해 직원과 말 섞일 것을 두려워한 것으로 알려졌다.

최근 ○○회사는 가해자 한 씨의 인사 발령을 항의하는 피해 직원에게 "발령을 취소할 수는 없으니 네가 다른 곳으로 옮기라"고 권유하기도 했다. 노조는 그동안 수차례에 걸쳐 부적격·부도덕 인사의 발령을 취소할 것을 요구해왔다며 ○○회사에 대한 특별감독을 요청했다. ○○회사 노조는 "정부는 법 개정을 계기로 피해자에게 불리한 처우를 하는 공공기관장 제재를 강화하겠다고 했는데, ○○회사는 양성평등과는 거리가 먼 인사를 되풀이 하고 있다"며 "회사가 부적격 인사를 철회할 때 까지 싸울 것"이라 주장했다.

지난해 11월 개정된 남녀고용평등법에 따르면 회사는 피해근로자에 대한 불리한 조치를 해서는 안 되며 징계·근무 장소 변경 등 조치에 대해선 피해 근로자 의견을 들어야 한다고 명시하고 있다.

① 회사가 행위자를 근무 장소 변경 조치가 부적절했다.
② 회사가 피해자의 복귀를 지원하는 방법이 부적절했다.
③ 회사가 피해자에게 사내 제도로 대응하는 과정이 부적절했다.
④ 회사가 행위자를 공식적인 결과가 나오기 전에 가해자로 단정하는 태도가 부적절했다.

정답 해설 주어진 기사는 성희롱을 당한 여성 부하 직원의 근무지 인접한 곳으로 행위자를 인사 발령 낸 점이 회사의 태도 중 가장 부적절하다. 대부분 피해자가 행위자와 접촉을 하지 않을 수 있도록 업무공간 및 시간 등의 변동을 요청하는 경우가 많다. 하지만 회사는 이를 무시하고 오히려 피해자에게 회사를 옮기라고 권유하는 등 부적절한 행동들을 하고 있다.

35 다음 명제를 모두 참이라고 가정할 때, 반드시 참인 것은?

⊙ 모든 금속은 전기가 통한다.
ⓒ 반짝인다고 해서 반드시 금속은 아니다.
ⓒ 전기가 통하지 않고 반짝이는 물질이 존재한다.
ⓒ 반짝이지 않으면서 전기가 통하는 물질이 존재한다.
ⓜ 어떤 금속은 반짝인다.

① 금속이 아닌 물질은 모두 전기가 통하지 않는다.
② 반짝이면서 전기도 통하는 물질이 존재한다.
③ 전기가 통하는 물질은 모두 반짝인다.
④ 반짝이지 않는 금속은 없다.

정답해설 ⊙과 ⓜ에 따라 어떤 금속은 반짝이면서 전기를 통한다는 것을 알 수 있다. 따라서 ②는 반드시 참이 된다.

오답해설 ① '금속이 아닌 물질은 모두 전기가 통하지 않는다.'는 ⊙ 명제의 이에 해당한다. 어떤 명제가 참인 경우 명제의 역과 이는 반드시 참이 되는 것이 아니므로, ①은 반드시 참이라 할 수 없다.
③ ⓒ(반짝이지 않으면서 전기가 통하는 물질이 존재한다.)이 참이므로, ③은 참이 될 수 없다.
④ ⓒ(반짝인다고 해서 반드시 금속은 아니다)이 참이므로, ④는 참이 될 수 없다.

36 다음 자료는 근로복지공단 홍보부의 하루 업무 스케줄 표이다. 신입사원 A씨는 스케줄을 보고 금일 1시간 동안 진행될 회의 시간을 정하려고 할 때 언제가 가장 적절한가?

〈표〉 근로복지공단 홍보부 하루 스케줄

시간	직급별 스케줄					
	부장	차장	과장	대리	주임	사원
09:00~10:00	업무회의	1차 업무회의			자료 조사	비품 신청
10:00~11:00			외근	외근		자료조사
11:00~12:00						
12:00~13:00	점심시간					
13:00~14:00						
14:00~15:00	임원회의			보고서 작성	홍보 구상	홍보 구상
15:00~16:00		2차 업무회의	보고서 검토			
16:00~17:00						보고서 작성
17:00~18:00	전략 수립		결과 보고		보고서 검토	

① 11:00~12:00   ② 13:00~14:00
③ 16:00~17:00   ④ 17:00~18:00

정답해설 주어진 홍보부 직급별 스케줄에서 모든 스케줄이 비어있는 1시간은 13:00~14:00 뿐이므로 이때 회의를 진행하는 것이 가장 적절하다.

37 다음 이메일 매뉴얼을 참고하여 신입사원이 작성한 이메일 내용 중 지적해야 할 부분은?

〈이메일 작성 매뉴얼〉

1. 내용과 관련된 모든 사람을 참조에 언급

   '받는 사람'이 메일 내용을 반드시 확인해야 할 당사자를 뜻한다면 '참조'는 메일내용과 관련된 사람 혹은 내용을 참고해야 할 사람을 뜻한다. 하나의 프로젝트에 다수의 인원이 참여할 경우 프로젝트 총책임자를 받는 사람에 그리고 나머지 인원을 참조에 넣는 경우가 대표적이다.

2. 제목은 내용이 드러나도록 작성

   직장인들은 업무시간 중 수많은 이메일을 주고 받기 때문에 전반적인 내용을 암시하는 제목이나 보내는 이의 목적이 드러난 제목을 사용하면 업무를 보다 효율적으로 처리할 수 있다.

3. 메일 본문은 자기소개로 시작

   자신이 누군지 간단하게 소개하는 것으로 본문을 시작하는 것이 기본이다. 소속팀과 직책 그리고 이름을 말하는 것이 일반적이며, 중요한 내용은 눈에 잘 띄도록 볼드처리(굵게)하는 센스도 필요하다.

4. 파일 첨부 여부 알려주기

   메일 작성 시 파일을 첨부하는 경우가 많은데, 이때 받는 사람이 쉽게 알아볼 수 있도록 본문 내용에 첨부파일을 넣었다고 알려주면 업무 혼선을 예방할 수 있다.

5. 메일 서명 넣기

   본문의 마지막 역시 처음과 마찬가지로 자신이 누구인지 정확하게 밝히는게 중요하다. 긴급한 문제로 발신자에게 연락을 취해야 하는 경우를 대비해 소속, 직책, 사내번호 등의 정보를 서명에 넣는 것이 좋다.

6. 보내기 전 반드시 오탈자 확인

   사소해 보이지만 정말 중요한 것은 바로 오탈자 확인이다. 회사 계정 메일은 본인과 기업의 얼굴이라는 생각을 갖고 빠진 내용은 없는지, 보내는 이와 참조자가 제대로 설정되었는지 마지막으로 오탈자는 없는지 꼼꼼히 확인해야 한다.

받는 사람	한차장님〈han@kcomwel.or.kr〉
참 조＋	정대리님〈jung@kcomwel.or.kr〉, 황대리님〈hwang@kcomwel.or.kr〉
제 목	[전략기획부] 2018년 하반기 워크샵 공지사항입니다.

파일 첨부 📄 180921_전략기획부_워크샵_공지사항_수정.pdf

안녕하세요.

전략기획부 신입사원 이진입니다.

워크샵 관련 공지사항을 어제 피드백 주신 내용을 바탕으로 수정하였습니다.

1일차 오전 일정은 후발대 인원파악이 아직 정해지지 않은 관계로 비워두었습니다.

해당 내용은 황대리님께서 추후 보충하기로 하였습니다.

확인 부탁드립니다.

🔵 근로복지공단 ┃ 전략기획부 이진 사원 ┃ 02－1234－1234 (내선번호 1234)

① 제목에 내용이 드러나도록 작성해야 한다.

② 첨부 파일을 넣었다고 본문에 알려주어야 한다.

③ 본문의 마지막에 자신의 서명을 넣어야 한다.

④ 오탈자가 없도록 신경을 써야 한다.

정답해설 '파일 첨부' 부분에 '180921_전략기획부_워크샵_공지사항_수정.pdf'이 있으므로 이메일 본문에 첨부 파일을 넣었다고 한 번 더 알려준다면 업무 혼선을 예방할 수 있다. 따라서 이 점을 지적해 주면 된다.

38 다음 표는 우리나라 정보통신산업의 현황에 대한 자료이다. 이에 대한 해석으로 옳은 것은?

〈표〉 정보통신산업의 사업체 수, 종사자 수, 자본금 추이

(단위 : 개소, 명, 억 원)

구분	연도	사업체 수 (A)	종사자 수 (B)	자본금(C)	업체당 종사자 수 (B/A)	업체당 자본금 (C/A)
정보통신 서비스	2015	5,070	99,348	78,051	19.6	15.4
	2016	5,037	104,574	98,321	20.8	19.5
	2017	5,784	106,721	102,673	18.5	17.8
	2018	5,477	113,668	96,697	20.8	17.7
정보통신 기기	2015	5,066	280,601	308,783	55.4	61.0
	2016	4,882	339,356	409,045	69.5	83.8
	2017	5,426	270,458	429,700	49.8	79.2
	2018	7,121	340,149	1,110,067	47.8	155.9
소프트웨어 및 컴퓨터 관련 서비스	2015	2,247	62,680	15,152	27.9	6.7
	2016	4,025	96,292	26,566	23.9	6.6
	2017	5,442	118,495	34,299	21.8	6.3
	2018	5,601	130,928	39,936	23.4	7.1
계	2015	12,383	442,629	401,986	35.7	32.5
	2016	13,944	540,222	533,932	38.7	38.3
	2017	16,652	495,674	566,672	29.8	34.0
	2018	18,199	584,745	1,246,700	32.1	68.5

① 전체적으로 우리나라의 정보통신산업은 빠르게 성장하고 있고, 특히 2015년 대비 2016년의 사업체 수 증가율이 가장 높은 분야는 '정보통신기기'이다.

② 정보통신산업의 자본금 규모는 매년 증가하고 있고, 이는 각 하위분야별로 살펴볼 때도 그러하다.

③ 2018년을 기준으로 볼 때, 정보통신산업의 세 분야 간 사업체 수의 차이나 종사
자수의 차이보다 자본금 규모의 차이가 상대적으로 크다.

④ 업체당 종사자수와 업체당 자본금 규모가 모두 가장 큰 분야는 '정보통신기기'인
반면, 둘 다 가장 작은 분야는 '소프트웨어 및 컴퓨터 관련 서비스'이다.

정답해설 2018년을 기준으로 볼 때, 정보통신산업의 세 분야 간 자본금의 편차가 크다. 특히 정보통신기기 분야
의 자본금은 다른 분야에 비해 10~25배 정도 많다.

오답해설 ① 2015년 대비 2016년 사업체 수 증가율을 구해보면
정보통신 서비스 : 2015년 5,070개에서 2016년 5,037개로 33개 감소
정보통신기기 : 2015년 5,066개에서 2016년 4,882개로 184개 감소
소프트웨어 및 컴퓨터 관련 서비스 : 2015년 2,247개에서 2016년 4,025개로 1,778개 증가
따라서 사업체 수 증가율이 가장 높은 분야는 소프트웨어 및 컴퓨터 관련 서비스이다.
② 정보통신산업 전체의 자본금은 매년 증가하고 있으나, 정보통신 서비스 분야의 2018년 자본금은
전년도에 비해 오히려 줄었다.
④ 업체당 종사자 수(B/A)와 업체당 자본금(C/A) 모두 정보통신기기 분야가 가장 크지만 업체당 종
사자 수(B/A)가 가장 작은 분야는 정보통신 서비스 분야이고 업체당 자본금(C/A)이 가장 작은 분
야는 소프트웨어 및 컴퓨터 관련 서비스 분야이다.

39 다음은 P업체 직원 교육 프로그램 및 식사 가격 편성표이다. 근로복지공단 직원 교육 이수 사항이 아래 표와 같을 때, 근로복지공단에서 P업체에 2일간 지급해야 하는 총비용은?

〈표1〉 1인당 교육비용(교육 2일간 총비용)

구분	A강사	B강사
교육비용	120,000원	150,000원

※ 수강생의 인원이 20명 이상이면 10% 할인된다.
대리, 주임, 사원은 A강사님의 수업을 듣는다.
부장, 차장, 과장은 B강사님의 수업을 듣는다.

〈표2〉 근로복지공단의 직원 교육 이수 현황

(단위 : 명)

부장	차장	과장	대리	주임	사원
6	6	7	10	6	12

〈표3〉 직급별 점심 식대(1일 기준)

(단위 : 원)

부장	차장	과장	대리	주임	사원
15,000	15,000	12,000	10,000	9,000	8,000

※ 식대는 교육 기간 동안 지급한다.

① 6,900,000원
② 6,902,000원
③ 6,920,000원
④ 6,940,000원

먼저 교육비용부터 계산해보면

A강사님의 수업을 듣는 수강생은 $10+6+12=28$(명)이므로 10% 할인이 되어
$120,000 \times 28 \times 0.9 = 3,024,000$(원)

B강사님의 수업을 듣는 수강생은 $6+6+7=19$(명)이므로 $150,000 \times 19 = 2,850,000$(원)

또한 하루 점심 식대를 구해보면

$(15,000 \times 6) + (15,000 \times 6) + (12,000 \times 7) + (10,000 \times 10) + (9,000 \times 6) + (8,000 \times 12)$

=90,000＋90,000＋84,000＋100,000＋54,000＋96,000＝514,000(원)

즉, 교육 2일 동안 식대는 514,000×2＝1,028,000(원)이다.

따라서 근로복지공단이 P업체에 지급해야 하는 총비용은

3,024,000＋2,850,000＋1,028,000＝6,902,000(원)

40 다음은 근로복지공단의 의료서비스에 대한 매뉴얼이다. 이에 대한 반응으로 옳지 않은 것을 〈보기〉 중 고르면?

〈의료서비스〉

• 접수, 수납, 및 진료대기 시간이 길어지지 않도록 신속하게 처리하겠습니다.

• 진료내용은 이해하기 쉬운 용어로 자세히 설명하겠습니다.

• 진단 검사 시 처방 확인 후 정확한 검사를 시행하겠습니다.

• 건강검진은 고객이 불편하지 않도록 신속 · 정확하게 진행하겠습니다.

• 검진 결과 유소견자에게는 연1회 전화 · 방문상담 및 SMS (문자서비스)를 제공하겠습니다.

• 건강검진 결과는 실시일로부터 10일 이내 신속하게 알려드리겠습니다.

• 입원생활에 대한 설명과 안내문을 제공하겠습니다.

• 입원 중 수술, 검사, 진료 및 퇴원 여부는 1일전에 미리 알려드리겠습니다.

• 퇴원 후 3일 이내 환자의 건강상태를 확인하는 해피콜을 실시하겠습니다.

• 쾌적한 요양환경과 편의시설을 제공하도록 하겠습니다.

보기

A씨 : 진료내용은 비전문가가 들어도 이해할 수 있도록 쉬운 용어로 설명해야 한다.

B씨 : 입원 중 수술 여부는 당일에 알려주면 된다.

C씨 : 건강검진 결과는 실시일로부터 10일 이내 알려주면 된다.

D씨 : 퇴원 후 환자가 불편사항이 있으면 공단에 전화를 하면 된다.

① A씨, B씨
② B씨, C씨
③ A씨, C씨
④ B씨, D씨

정답해설 B씨 : 입원 중 수술 여부는 당일이 아닌 하루 전에 알려주어야 한다.
D씨 : 퇴원 후 3일 이내 환자의 건강상태를 확인하는 해피콜을 실시해야 한다.
따라서 옳지 않은 반응은 B씨, D씨이다.

41 다음 숫자의 배열 (가) ~ (다)에 나타난 공통적인 특성만을 아래 〈보기〉에서 모두 맞게 고른 것은?

(가) 1, 5, 2, 3, 4, 9, 0
(나) 2, 3, 6, 5, 1, 4, 7
(다) 7, 3, 2, 5, 1, 9, 6

보기
㉠ 홀수가 두 번 연이어 나온 경우 다음은 무조건 짝수가 나온다.
㉡ 동일한 숫자는 반복하여 사용되지 않았다.
㉢ 짝수 다음에 짝수가 연이어 나오지 않는다.
㉣ 1을 제외하고는 어떤 숫자 바로 다음에 그 숫자의 배수가 나오지 않는다.

① ㉠, ㉡　　　　　　　　　② ㉠, ㉣
③ ㉡, ㉢　　　　　　　　　④ ㉢, ㉣

정답해설 ㉡ (가), (나), (다) 모두 동일한 숫자가 반복하여 사용되지 않았으므로, ㉡은 옳다.
㉢ (가), (나), (다) 모두 짝수 다음에 짝수가 연이어 나오지 않았으므로, ㉢도 옳다.

오답해설 ㉠ (다)에서 '5, 1' 다음에 홀수 '9'가 왔으므로, ㉠은 옳지 않다.
㉣ (나)에서 '3' 다음에 배수 '6'이 나왔으므로, ㉣은 옳지 않다.

42 A대리는 집에서 바로 종로 지점을 방문하여 같이 점심식사를 하고 오후에는 강남 지점을 방문한 뒤 다시 회사로 돌아와 보고를 해야 한다. A대리의 일정을 고려하였을 때, 각각의 교통수단과 교통비가 바르게 짝지어진 것은?(단, 하루 종일 같은 교통수단을 이용한다.)

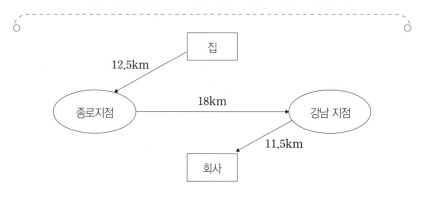

구분	택시	버스	자동차
기본료	3,000원(5km까지)	1,300원(10km까지)	—
1km 당	450원	150원	1,200원

※ 자동차의 경우 주유비는 무시한다.

① 택시, 23,150원   ② 택시, 21,150원

③ 버스, 6,700원   ④ 자동차, 40,500원

정답해설 A대리가 이동하는 경로는 집→종로 지점→강남 지점→회사이므로 각각의 교통수단별 교통비를 계산해보면

(i) 택시를 이용한 경우

집 → 종로 지점 : $3,000+(12.5-5)\times450=6,375$(원)

종로 지점 → 강남 지점 : $3,000+(18-5)\times450=8,850$(원)

강남 지점 → 회사 : $3,000+(11.5-5)\times450=5,925$(원)

$6,375+8,850+5,925=21,150$(원)

(ii) 버스를 이용한 경우

집 → 종로 지점 : $1,300+(12.5-10)\times150=1,675$(원)

종로 지점 → 강남 지점 : $1,300+(18-10)\times150=2,500$(원)

강남 지점 → 회사 : $1,300+(11.5-10)\times150=1,525$(원)

$1,675+2,500+1,525=5,700$(원)

(ⅲ) 자동차를 이용한 경우

전체 이동거리는 $12.5+18+11.5=42$(km)이므로

$42\times1,200=50,400$(원)

따라서 A대리가 택시를 이용한 경우 21,150원, 버스를 이용한 경우 5,700원, 자동차를 이용한 경우 50,400원이 교통비가 든다.

---

43 다음 전화 상황에서 김 사원의 태도 중 옳지 <u>않은</u> 것은?

김 사원 : 네, 영업팀 김은지 사원입니다.

박 부장 : 김은지씨, 혹시 이차장 자리에 기획안 결제 서류 있는지 찾아보고 있으면 서류 들고 내 자리로 오라고 전해주세요.

김 사원 : 부장님, 이차장님 잠시 자리 비우셨습니다. 돌아오시면 말씀 전해드리겠습니다.

박 부장 : 방금까지 사내 메신저로 대화했는데, 이차장 회의 들어갔나요?

김 사원 : 네, 이차장님과 신차장님, 심대리님 모두 회의 들어갔습니다.

박 부장 : 네, 알겠습니다. 돌아오는 대로 전달해주세요.

김 사원 : 네, 알겠습니다.

① 통성명을 하지 않았다.

② 전화를 대신 받은 이유를 말하지 않았다.

③ 잘못된 존댓말을 사용하였다.

④ 군이 필요 없는 부연설명을 하였다.

정답해설 직급이 더 높은 직원 앞에서 상대적으로 직급이 낮은 직원에게 극존칭을 하거나 높여 말하는 건 예의에 어긋나는 행동이다. 주어진 전화 상황에서 '차장님'이 아닌 '차장', '대리님'이 아닌 '대리'라고 불러야 한다. 따라서 '이차장님과 신차장님, 심대리님 모두 회의 들어갔습니다.'가 아닌 '이차장, 신차장, 심대리 모두 회의 들어갔습니다.'라고 해야 맞는 표현이다.

44 근로복지공단의 직원 A의 결론을 이끌어내기 위해 추가해야 할 두 전제를 아래 〈보기〉에서 고르면?

근로복지공단은 공단이 위치한 지역에 경제적 곤란을 겪는 가정이 많다는 사실을 알고 곤란을 겪는 아동에 대한 급식 지원 사업을 추진하려고 한다. 이 업무를 담당한 공단의 직원 A는 급식을 지원할 아동을 선정하였는데, 갑순과 을순, 병순, 정순이 후보이다. A는 이들 중 적어도 병순은 급식 지원을 받게 된다고 결론 내렸다. 왜냐하면 갑순과 정순 중 적어도 한 명은 급식 지원을 받는데, 갑순이 받지 않으면 병순이 받기 때문이었다.

보기

ㄱ. 갑순이 급식 지원을 받는다.
ㄴ. 을순이 급식 지원을 받는다.
ㄷ. 을순이 급식 지원을 받으면, 갑순은 급식 지원을 받지 않는다.
ㄹ. 을순과 정순 둘 다 급식 지원을 받지 않으면, 병순이 급식 지원을 받는다.

① ㄱ, ㄴ   ② ㄱ, ㄹ
③ ㄴ, ㄷ   ④ ㄷ, ㄹ

 ㄴ · ㄷ. 제시문에서 병순은 급식 지원을 받게 된다는 결론을 내렸다. 따라서 병순이 급식을 받기 위한 전제 조건을 찾아야 한다. 제시문의 마지막에서 '갑순이 받지 않으면 병순이 받기 때문이었다.'고 했으므로, 갑순이 받지 않는 상황이 되면 병순이 지원을 받게 된다는 것을 알 수 있다. 제시된 보기의 내용 중 'ㄷ'에서 을순이 급식 지원을 받으면 갑순은 지원을 받지 않는다고 했으므로, 'ㄴ'과 'ㄷ'을 전제 조건으로 하는 경우 병순은 급식 지원을 받게 되는 결론이 나온다.

 ㄱ. 제시문에서 갑순이 받지 않으면 병순이 받게 된다고 하였으므로, 'ㄱ'은 전제 조건으로 적합하지 않다.
ㄹ. '을순과 정순 둘 다 급식 지원을 받지 않으면, 병순이 급식 지원을 받는다'는 것은 제시문의 마지막 문장에 의해 전제 조건이 될 수 없음을 알 수 있다. 즉, 이 경우 갑순은 급식 지원을 받게 되므로, 'ㄱ'과 같은 상황이 되어 전제 조건으로 적합하지 않다.

45 근로복지공단은 다음 그림과 같이 하나의 복도를 사이에 두고 8개의 사무실을 한 층에 배치하려 한다. 이 8개의 사무실 중 4개는 기획조정본부 관련 부서로 전략기획부, 성과평가부, 조직예산부, 법무지원부 사무실이다. 나머지 4개는 운영지원부, 인사부, 노사협력부 사무실 그리고 기획이사실이다. 주어진 자료의 배치계획에 따를 때 옳지 <u>않은</u> 것은?

A		E
B	복도	F
C		G
D		H

〈조건〉

ㄱ. 사무실 D는 기획이사실로 내정되어 있다.

ㄴ. 조직예산부와 성과평가부는 복도를 중심으로 같은 쪽에 위치한다.

ㄷ. 기획이사실과 노사협력부는 복도를 중심으로 같은 쪽에 위치한다.

ㄹ. 성과평가부의 정면에는 노사협력부가 위치한다.

ㅁ. 기획조정본부 관련 모든 사무실의 정면 및 옆에는 기획조정본부 관련 부서가 들어서지 않는다.

① 인사부와 조직예산부는 복도를 중심으로 같은 쪽에 있다.

② 운영지원부와 법무지원부는 복도를 중심으로 같은 쪽에 있다.

③ 노사협력부 옆에는 법무지원부가 있다.

④ 운영지원부 옆에는 성과평가부가 위치한다.

**정답
해설** 문제에서 주어진 정보를 정리하면

기획조정본부 관련 부서 : 전략기획부, 성과평가부, 조직예산부, 법무지원부

비기획조정본부 관련 부서 : 운영지원부, 인사부, 노사협력부, 기획이사실

조건 ㄱ에서 D가 기획이사실임을 알 수 있으며

조건 ㄱ과 ㄷ으로부터 노사협력부는 A, B, C 중 하나에 위치한다는 것을 알 수 있다.
조건 ㄱ과 ㅁ으로부터 A와 C에는 기획조정본부 관련 부서가 들어서야 한다는 것을 추론할 수 있다.
따라서 B에는 노사협력부가 들어감을 알 수 있다.
조건 ㄹ로부터 F가 성과평가부임을 알 수 있다.
또한 조건 ㄴ, ㅁ으로부터 H가 조직예산부라는 것을 알 수 있다.
이상으로부터 전략기획부나 법무지원부는 A나 C 중 하나에 들어서고, 운영지원부나 인사부는 E나 G 중 어느 하나에 들어선다는 것을 알 수 있다.
위의 조건들을 그림으로 나타내면 다음과 같다.

전략기획부 또는 법무지원부		운영지원부 또는 인사부
노사협력부	복 도	성과평가부
전략기획부 또는 법무지원부		운영지원부 또는 인사부
기획이사실		조직예산부

따라서 운영지원부와 법무지원부가 복도를 중심으로 같은 쪽에 있다는 것은 옳지 않다.

[46~47] 다음은 인구구성비 및 부양비의 추이를 표로 제시한 것이다. 물음에 답하시오.

〈표〉 인구구성비 및 부양비의 추이

구분	총인구	유소년인구 (0~14세)	생산가능 인구 (15~64세)	노년인구 (65세이상)	노년인구 구성비 (%)	총 부양비 (%)	유소년 부양비 (%)	노년 부양비 (%)
1994년	43,747,962	10,791,426	30,610,680	2,345,856	( )	42.9	35.3	7.7
1996년	44,641,540	10,653,446	31,445,602	2,542,492	5.7	42.0	33.9	8.1
1998년	45,524,681	10,403,277	32,326,522	2,794,882	6.1	40.8	32.2	8.6
2000년	46,286,503	10,091,517	33,125,933	3,069,053	6.6	39.7	30.5	9.3
2002년	47,008,111	9,911,229	33,701,986	3,394,896	7.5	39.5	29.4	10.1
2004년	47,615,132	9,725,532	34,110,668	3,778,932	7.9	39.6	28.5	11.1
2006년	48,082,163	9,417,397	34,482,994	4,181,772	8.7	39.4	27.3	12.1
2008년	48,497,166	9,026,009	34,873,924	4,597,233	9.5	39.1	25.9	13.2
2010년	48,877,252	8,522,506	35,334,209	5,020,537	10.3	38.3	24.1	14.2
2012년	49,219,537	8,012,990	35,852,347	5,354,200	A	B	C	( )
2014년	49,509,512	7,541,068	36,205,397	5,763,047	11.6	36.7	20.8	15.9
2016년	50,724,180	7,126,218	36,367,430	7,230,532	14.3	39.5	19.6	19.9
2018년	51,862,489	6,720,959	37,495,586	7,645,944	14.7	38.3	17.9	20.4

※ 인구는 2016년까지는 확정인구이며, 2017년 이후는 다음 인구추계 시 바뀔 수 있음
　부양비 : 생산가능인구(15~64세)가 부양해야 할 유소년인구(0~14세)와 노년인구(65세 이상)의 비율(부양비＝유소년부양비＋노년부양비)
　유년부양비(%)＝(유소년인구/생산가능인구)×100
　노년부양비(%)＝(노년인구/생산가능인구)×100
　소수점 둘째자리에서 반올림하여 계산함

46 위의 표에 대한 설명으로 〈보기〉 중 옳지 <u>않은</u> 것은?

보기

ㄱ. 2012년의 노년부양비는 약 15%이다.

ㄴ. 1994년부터 2018년 사이에 유소년인구와 생산가능인구의 구성비는 각각 감소할 것이다.

ㄷ. 노년인구 구성비는 2018년에는 1994년보다 약 9% 증가할 것으로 추정된다.

ㄹ. 1994년 이래 유소년부양비와 노년부양비의 변화추세로 볼 때, 2018년 이후로도 총부양비는 계속 감소할 것이다.

① ㄱ, ㄴ   ② ㄱ, ㄷ

③ ㄴ, ㄹ   ④ ㄷ, ㄹ

 ㄱ. (참) 2012년의 노년부양비를 구해보면

노년부양비＝(노년인구/생산가능인구)×100

$$= \frac{5,354,200}{35,852,347} \times 100 ≒ 14.9\%$$이므로 약 15%이다.

ㄴ. (거짓) 1994년부터 2018년 사이에 총인구는 증가하고 있지만 유소년 인구는 계속 감소하고 있으므로 유소년 인구의 구성비 또한 감소할 것이다. 또한 생산가능인구 구성비는 2016년 $\frac{36,367,430}{50,724,180} \times 100 ≒ 71.7\%$, 2018년 $\frac{37,495,586}{51,862,489} \times 100 ≒ 72.3\%$로 증가하고 있음을 알 수 있다.

ㄷ. (참) 1994년 노년인구의 구성비는 $\frac{2,345,856}{43,747,962} \times 100 ≒ 5.4\%$이고, 2018년 노년인구의 구성비는 14.7%이므로 14.7－5.4＝9.3% 증가한 것으로 추정된다.

ㄹ. (거짓) 1994년 이래 유소년부양비는 감소하고, 노년부양비는 증가하고 있는 추세이다. 그러나 총부양비는 유년부양비와 노년부양비를 합한 것이므로, 이후 계속 감소할 것이라고 보기 어렵다.

따라서 옳지 않은 것은 ㄴ, ㄹ이다.

47 위의 표에서 A+B+C의 값은?

① 약 72.2%   ② 약 70.4%

③ 약 68.7%   ④ 약 66.1%

정답해설 주어진 표에서 A, B, C를 각각 계산해보면

$A(노년인구 구성비) = \dfrac{5,354,200}{42,219,537} \times 100 ≒ 12.7\%$

$C(유소년부양비) = \dfrac{8,012,990}{35,852,347} \times 100 ≒ 22.3\%$

$B(총부양비) = 22.3 + 14.9 = 37.2\%$

$\therefore A+B+C = 72.2\%$

1DAY

2DAY

3DAY

48 다음 상황의 갈등을 해결하기 위한 방법으로 가장 적절한 것은?

> 윤팀장은 평소 남의 말을 듣지 않고 자신의 주장을 반복하는 경향이 있다. 또한 성급한 판단과 행동으로 인해 프로젝트가 잘못될 경우 과도한 흥분과 분노를 팀원들에게 표출한다. 이로 인해 일을 그만두는 팀원들이 생기며, 팀 전체의 사기를 떨어뜨리는 등 분위기에도 영향을 끼치고 있는 상황이다.

① 갈등의 심화를 막기 위해 객관적 입장의 중재자가 필요하다.

② 일의 경계를 분명하게 구분한다.

③ 가벼운 대화를 통한 감정적 교류를 시도해야 한다.

④ 업무 계획부터 동참시켜 아이디어를 내고 공유하는 것이 필요하다.

정답해설 아집이 있는 윤팀장과 갈등을 만들지 않기 위해서는 우선 부드럽고 관대하게 대하고, 객관적 입장의 중재자가 필요하며 휴식기를 가진 후 회복을 시도하는 것도 하나의 방법이다.

49 다음은 장해 진단 시 유의사항 매뉴얼이다. 이에 대해 올바르게 이해하지 **못한** 것은?

〈장해 진단 시 유의사항〉

1. 간병필요성에 대한 진단
   - 아래 대상 장해진단이 있을 시 반드시 간병 필요성 여부에 대한 의학적 소견을 포함하여 기재
   - 간병급여는 의학적으로 상시 또는 수시로 간병이 필요하여 실제로 간병을 받는 자에게 지급

구분	지급 대상
상시 간병급여	• 신경계통의 기능, 정신기능 또는 흉복부 장기의 기능에 장해등급 제1급에 해당하는 장해가 남아 일상생활에 필요한 동작을 하기 위하여 항상 다른 사람의 간병이 필요한 사람 • 두 눈, 두 팔 또는 두 다리 중 어느 하나의 부위에 장해등급 제1급에 해당 하는 장해가 남고, 다른 부위에 제7급 이상에 해당하는 장해가 남아 일상생활에 필요한 동작을 하기 위하여 항상 다른 사람의 간병이 필요한 사람
수시 간병급여	• 신경계통의 기능, 정신기능 또는 흉복부 장기의 기능에 장해등급 제2급에 해당하는 장해가 남아 일상생활에 필요한 동작을 하기 위하여 수시로 다른 사람의 간병이 필요한 사람 • 장해등급 제1급(제53조제2항에 따른 조정의 결과 제1급이 되는 경우를 포함한다)에 해당하는 장해가 남아 일상생활에 필요한 동작을 하기 위하여 수시로 다른 사람의 간병이 필요한 사람

2. 신체관절의 운동각도측정에 대한 의학적 근거 제시
   - 운동기능장해의 원인이 명확한 경우에는 능동운동에 의한 운동가능영역 측정, 기능장해의 원인이 명확하지 아니할 때나 심인성에 의한 원인의 의심이 있을 때에는 수동운동에 의한 운동가능영역을 기재하고 그 의학적 근거 제시 및 관련 자료 제출
   ※ 장해원인을 밝혀 능동 · 수동 운동가능영역을 모두 측정하여 기재함은 무방하나, 원인 규명 없이 자의적인 측정은 지양

3. 난청 진단 시 유의사항
   - 순음청력검사는 의사의 판단에 따라 3~7일간의 간격으로 3회 이상(음향외상성난청에 대해서는 요양종결 후 30일 간격으로 3회 이상) 실시하여 검사의 유의차가 없는 경우 그 중 최소가청력치(가장 잘 들리는 상태의 청력역치)를 청력장해로 인정하되, 검사결과가 다음의 모든 요건을 충족하지 아니하는 경우에는 1개월 후 재검사실시

- 기도청력역치와 골도청력역치의 차이가 각 주파수마다 10dB 이내일 것
- 상승법 · 하강법 · 혼합법 각각의 청력역치의 차이가 각 주파수마다 10dB 이내일 것
- 각 주파수마다 하강법의 청력역치가 상승법의 청력역치에 비해 낮거나 같을 것
- 반복검사간 청력역치의 최대치와 최소치의 차이가 각 주파수마다 10dB이내일 것
- 순음청력도상 어음역(500, 1000, 2000Hz)에서의 주파수간 역치변동이 20dB 이내이면 순음청력역치의 3분법 평균치와 어음청취 역치의 차이가 10dB 이내일 것

4. 한시장해 여부 확인

한시장해는 산재 장해보상의 대상이 아니므로 동통 등 소견 기재 시 한시 또는 영구 여부를 정확하게 확인하고, 환자의 증상 호소만을 근거로 장해 진단하는 사례가 없도록 할 것

5. 장해진단 누락 금지

결손장해, 척추에 추간판제거술을 시행한 경우 등 장해상태가 명백함에도 장해진단에서 누락되는 사례가 없도록 할 것

6. 온정주의에 의한 장해 과잉진단 지양

온정주의에 치우친 과잉진단은 부정수급과 직결되는 도덕적 해이의 대표적인 사례이므로 보다 공정하고 객관적인 평가를 통해 신뢰받을 수 있는 장해판정이 될 수 있도록 적극 협조 요망

① 신경계통의 기능에 장해등급 제2급에 해당하는 사람은 수시 간병급여의 지급 대상이다.

② 난청 진단 시 기도청력역치와 골도청력역치의 차이가 각 주파수마다 10dB 초과일 경우에는 한 달 후 재검사를 실시한다.

③ 신철관절의 장해원인 규명 없이 자의적인 측정을 근거로 제시해도 된다.

④ 한시장해인 경우 환자의 증상 호소만을 근거로 진단하는 경우가 없도록 해야 한다.

> **정답해설** 신체관절의 운동각도측정에 대한 의학적 근거를 제시할 때는 장해원인을 밝혀 능동 · 수동 운동가능영역을 모두 측정하여 기재함은 무방하나, 원인 규명 없이 자의적인 측정은 지양한다.

① 신경계통의 기능에 장해등급 제2급에 해당하는 사람은 수시 간병급여의 지급 대상이다.

② 난청 진단 시 기도청력역치와 골도청력역치의 차이가 각 주파수마다 10dB 초과일 경우에는 한 달 후 재검사를 실시한다.

④ 한시장해는 산재 장해보상의 대상이 아니므로 동통 등 소견 기재 시 한시 또는 영구 여부를 정확하게 확인하고, 환자의 증상 호소만을 근거로 장해 진단하는 사례가 없도록 해야 한다.

50 다음 자료는 우리나라의 2018년도 남녀사망자수에 대한 통계이다. 이에 대한 설명으로 옳은 것을 〈보기〉에서 고르면?

〈표〉 2018년 남녀사망자 수의 연령대별 분포

(단위 : 천명(%))

연령	여성(구성비)	남성(구성비)
0~9세	1.3(1.2)	1.7(1.2)
10~19세	0.5(0.5)	1.0(0.7)
20~29세	1.5(1.4)	2.6(1.9)
30~39세	2.8(2.5)	5.7(4.2)
40~49세	5.3(4.8)	14.6(10.8)
50~59세	6.8(6.1)	19.2(14.2)
60~69세	14.5(13.2)	31.6(23.3)
70~79세	30.1(27.3)	33.7(24.9)
80세 이상	47.3(43.0)	25.4(18.8)
계	110.1(100.0)	135.5(100.0)

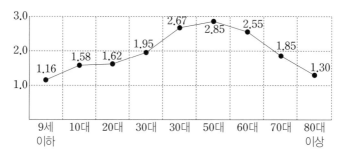

〈그림〉 2018년 연령대별 남녀사망률비

※ 남녀사망률비 = 남성사망률/여성사망률
  남성사망률 = 남성사망자수/남성인구수
  여성사망률 = 여성사망자수/여성인구수

보기

ㄱ. 여성은 80세 이상에서 남성은 70대에서 가장 많이 사망한다.

ㄴ. 모든 연령대에서 남성사망률이 여성사망률보다 높다.

ㄷ. 60대 여성이 한 명 사망할 때 60대 남성이 2.55명 사망한다.

ㄹ. 70대 여성사망자 수는 남성보다 약 3,600명 적지만 전체 여성사망자 수 중 70대 여성사망자 수의 비율이 전체 남성사망자 중 70대 남성사망자의 비율보다 높은 것은 남성사망자의 절대수가 많기 때문이다.

ㅁ. 9세 이하 집단에서 남녀 인구수가 동일한 것으로 가정하면 9세 이하 여아 한 명 사망할 때 남아는 약 1.3명 사망한다.

① ㄱ, ㄴ, ㄷ   ② ㄱ, ㄴ, ㄹ

③ ㄴ, ㄷ, ㅁ   ④ ㄷ, ㄹ, ㅁ

 ㄱ. (참) 여성의 경우 80세 이상의 사망자 수가 47.3천 명이고, 구성비는 43%로 가장 많은 사망자 수와 가장 높은 구성비를 보이고 있다. 남성은 70대가 33.7천 명이고, 구성비는 24.9%로 가장 많은 사망자수를 기록하고 있다.

ㄴ. (참) 남성사망률이 여성사망률보다 높으면 남녀사망률비가 1보다 커야 한다. 그림을 보면 모든 연령대에서 남녀사망률비가 1보다 크므로 모든 연령대에서 남성사망률이 여성사망률보다 높다.

ㄷ. (거짓) 60대의 남녀사망률비는 2.55이지만 이것은 남성과 여성의 사망률비가 2.55라는 것이지 사

망자 수의 비율이 2.55인 것을 의미하지 않는다. 또한 2.55가 여성 한 명이 사망할 때 남성이 2.55
명 사망한다는 것을 의미하려면 60대 남성인구수와 여성인구수가 같아야 한다. 하지만 이것은 주
어진 자료에서는 알 수 없다.

ㄹ. (참) 연령대별 사망자 수의 구성비는 사망자 계를 기준으로 한 것이다. 따라서 특정 연령대의 사망
자 수가 더 적더라도 계가 낮다면 비율은 더 커질 수 있다.

ㅁ. (거짓) 9세 이하 집단에서 남녀 인구수가 동일한 것으로 가정하면 남녀사망률비가 곧 남성사망자
수와 여성사망자 수의 비율이 된다. 따라서 그림을 참고하면 1.16명이 된다. 1.3명이란 수는 표에
서 나온 수치인데 표의 사망자 수는 이런 가정과 전혀 상관없는 연령대별 사망자 수를 의미하고 있
다. 따라서 1.3명은 남녀 인구수가 동일하다고 가정할 때 여아 한 명 사망할 때 사망한 남아 수를
의미하는 것이 아니다.

따라서 옳은 것은 ㄱ, ㄴ, ㄹ이다.

[51~52] 다음 주어진 자료를 보고 물음에 답하시오.

> 예 2018년 3월 충남 1공장에서 만들어진 머그형 텀블러 480ml 중 1,440번째로 만
> 들어진 제품
> 0318 − C01 − G2 − P120 − 1440
> (제조 연도) − (생산 공장 코드) − (텀블러 종류 코드) − (텀블러 사양 코드) − (제품
> 생산 번호)

〈표〉 시리얼 넘버 생성표

제조 연도	생산 공장 코드			텀블러 종류 코드		텀블러 사양 코드		제품 생산 번호
2018년 3월 → 0318	A	서울	01	원터치형	G0	480ml	P120	생산순서대로 0001부터 시작
			02					
	B	경기	01	기본형	G1	670ml	P240	
			02					
	C	충북	01	머그형	G2	890ml	P360	
			02					

51 다음 중 2018년 9월에 열리는 체육대회 경품을 위해 제작될 가장 최신의 텀블러 중 가장 큰 용량으로 만들어질 텀블러의 시리얼 넘버로 가장 적절한 것은?

① 0917 − A02 − G0 − P360 − 0504   ② 0818 − B01 − G2 − P240 − 1011

③ 0818 − C02 − G0 − P240 − 2455   ④ 0818 − A01 − G1 − P360 − 0770

> 정답해설 주어진 조건에 맞춰 시리얼 넘버를 살펴보면
> • **제조 연도** : 2018년 8월에 제작될 텀블러가 체육대회와 가장 가까운 시기에 제작된다. 따라서 0818
> 로 시작되는 시리얼 넘버를 골라야 한다.
> • **텀블러 사양 코드** : 가장 큰 용량의 텀블러는 890ml이므로 제품 코드는 P360이다.
> 생산 공장 코드, 텀블러 종류, 제품 생산 번호에 대한 언급은 없으므로 신경 쓰지 않아도 된다.

따라서 보기중 주어진 조건을 모두 만족하는 시리얼 넘버는 '0818 − A01 − G1 − P360 − 0770'이다.

 ① 2017년 9월에 제작된 제품이라 체육대회와 가장 가까운 시기가 아니다.
②, ③ 텀블러 용량 중 가장 큰 용량인 890ml가 아니다.

---

52 다음은 보험재정부 사원들이 현재 사용하고 있는 텀블러의 시리얼넘 버이다. 이에 대한 설명으로 옳은 것은?

- 0218 − A02 − G0 − P240 − 0017
- 1217 − C02 − G0 − P360 − 0107
- 0218 − A01 − G2 − P240 − 1026
- 0418 − B02 − G1 − P360 − 1231
- 0917 − A02 − G0 − P240 − 0421
- 1117 − B02 − G1 − P360 − 3130
- 0318 − C02 − G2 − P240 − 1008
- 0218 − C02 − G1 − P120 − 0131
- 0418 − B01 − G1 − P360 − 0708
- 0817 − C01 − G1 − P360 − 0423

① 2017년에 생산된 텀블러는 총 3개이다.
② 종류 중 머그형 텀블러가 가장 많다.
③ 용량이 670ml인 텀블러를 가장 적게 사용한다.
④ 충북 공장에서 생산된 텀블러가 가장 많다.

정답 해설 주어진 텀블러 시리얼 넘버의 생산 공장 코드를 살펴보면
서울 공장은 3개, 경기 공장은 3개, 충북 공장은 4개로
충북 공장에서 생산한 텀블러가 가장 많다.

 ① 2017년에 생산된 텀블러는 4개, 2018년에 생산된 텀블러는 6개이다.
② 종류 중 원터치형이 3개, 기본형이 5개, 머그형이 2개로 기본형 텀블러가 가장 많다.
③ 용량이 480ml는 1개, 670ml는 4개, 890ml는 5개이므로 480ml인 텀블러를 가장 적게 사용한다.

53 다음 글에서 언급된 내용으로 적합하지 않은 것은?

사물놀이는 사물(四物), 즉 꽹과리, 징, 장구, 북의 네 가지 타악기만으로 연주하는 음악을 말한다. 사물놀이는 풍물놀이와는 좀 다르다. 풍물놀이를 무대 공연에 맞게 변형한 것이 사물놀이인데, 풍물놀이가 대체로 자기 지역의 가락만을 연주하는 데 비해 사물놀이는 거의 전 지역의 가락을 모아 재구성해서 연주한다.

사물놀이 연주자들은 흔히 쟁쟁거리는 꽹과리를 천둥이나 번개에, 잦게 몰아가는 장구를 비에, 둥실대는 북을 구름에, 여운을 남기며 울리는 징을 바람에 비유한다. 천둥이나 번개, 비, 구름, 바람이 어우러지며 토해 내는 소리가 사물놀이 소리라는 것이다. 사물놀이는 앉아서 연주하는 사물놀이와 서서 연주하는 사물놀이의 두 가지 형태로 나뉘어 있는데, 전자를 '앉은반', 후자를 '선반'이라고 한다.

① 사물놀이의 가치 ② 사물놀이의 소리
③ 사물놀이의 악기 종류 ④ 사물놀이의 연주 형태

정답 해설
제시된 글에는 '사물놀이의 가치' 또는 '중요성' 등에 대해 언급하지 않았다. 제시된 글의 첫째 단락에서는 사물놀이의 악기 종류와 사물놀이와 풍물놀이의 차이를 언급하였고, 둘째 단락에서는 사물놀이의 악기가 비유되는 소리와 사물놀이의 두 가지 연주 형태에 대해 언급하였다.

오답 해설
② 둘째 단락에서 '사물놀이 연주자들은 흔히 쟁쟁거리는 꽹과리를 천둥이나 번개에, 잦게 몰아가는 장구를 비에, 둥실대는 북을 구름에, 여운을 남기며 울리는 징을 바람에 비유한다. 천둥이나 번개, 비, 구름, 바람이 어우러지며 토해 내는 소리가 사물놀이 소리라는 것이다'라고 하여, 사물놀이의 소리에 대해 언급하고 있다.
③ 첫째 단락에서 '사물놀이는 사물(四物), 즉 꽹과리, 징, 장구, 북의 네 가지 타악기만으로 연주하는 음악을 말한다'라고 하였는데, 이를 통해 사물놀이의 악기 종류에 대해 알 수 있다.
④ 둘째 단락의 마지막 문장인 '사물놀이는 앉아서 연주하는 사물놀이와 서서 연주하는 사물놀이의 두 가지 형태로 나뉘어 있는데, 전자를 '앉은반', 후자를 '선반'이라고 한다'에서, 사물놀이의 연주 형태에 대해 알 수 있다.

54 다음 글로부터 추론할 수 없는 것은?

언론의 자유는 현대 민주주의의 이념적 기초이며 헌법에 보장된 국민의 기본권이다. 언론 자유는 민주주의에 필수불가결한 요소이지만, 불가피하게 규제될 수밖에 없는 경우도 존재한다. 언론 자유를 제한할 필요가 있을 경우, 다음과 같은 엄격한 원칙들에 따라 이루어져야 한다.

첫째, 검열제 등 사전억제 금지의 원칙인데, 이는 사전억제가 가장 최후의 가능성으로만 존재한다는 것을 의미한다. 둘째, 국가안보, 치안, 공공복리 등을 해칠 수 있는 명백하고 현존하는 위협이 존재할 때, 경우에 따라 언론의 자유가 제한될 수 있다. 셋째, 언론에 대한 규제는 반드시 명확하고 일관된 법률에 의거해야 한다. 한편 우리나라 헌법은 언론과 출판의 자유를 보장함과 동시에 그것이 무제한적이지 않으며 다른 기본권과 충돌하는 경우 비교형량해서 제한할 수 있음을 명확히 하고 있다. 국민은 인간으로서의 존엄성과 가치를 가지고 행복을 추구할 권리를 가지며, 이에 따라 개인의 명예나 사생활, 공정한 재판을 받을 권리 등이 언론에 의해 침해당했을 때 법적 보호와 보상을 요구할 수 있다. 일반적으로 공적(公的) 인물들보다 사적(私的) 개인들에 대해 기본적 인격권의 보호가 더 강조된다.

① 전쟁, 테러와 같은 위급한 국가 안보 상황에서는 언론의 자유가 규제될 수 있다.
② 사전억제는 언론 자유를 규제하는 가장 강력한 방식이다.
③ 인간의 존엄과 가치를 보호하려는 각종 기본권과 언론의 자유는 상황에 따라 비교형량 하되, 공적 인물을 대상으로 하는 경우 언론의 자유가 더 포괄적으로 인정된다.
④ 우리나라 헌법은 언론 자유에 대한 절대주의적 시각을 견지하고 있다.

정답해설 언론 자유에 대한 절대주의 시각이란 언론 자유를 절대적으로 중요한 것으로 여겨 그 제한을 전혀 인정하지 않거나 극히 제한된 경우에만 인정하는 입장이다. 하지만 제시문은 우리나라 헌법이 다른 기본권 보장과 비교형량해서 언론 자유가 제한될 수 있음을 분명히 하고 있다.

오답해설 ① 언론 자유 제한에 대한 두 번째 원칙에서 추론되는 내용이다.
② 언론 자유 제한 원칙 '첫째'에서 추론되는 내용이다. 사전억제를 최후의 가능성으로 두는 것은 사전억제를 할 때 그만큼 언론자유가 제한되는 정도가 크기 때문이다.
③ 글의 뒷부분에서 '공적 인물보다 사적 개인들에 대한 기본적 인격권 보호가 더 강조된다'고 했는데

인격권보호가 강조되면 그만큼 자유롭게 보도할 언론의 자유는 줄어든다. 그러므로 사적 개인보다는 공적 인물에 대해 언론의 자유가 더 인정된다고 볼 수 있다.

[55~56] 다음은 ○○회사 워크샵을 위해 진행 업체에 대해 조사한 자료이다. 물음에 답하시오.

〈표1〉 진행 프로그램 가격표(1일 기준)

(단위 : 원)

구분	A업체	B업체	C업체
팀 미션형	28,000	35,000	37,000
엑티비티형	40,000	38,000	39,000
힐링형	25,000	28,000	30,000

※ 1인 기준 가격임
  엑티비티형은 장비 비용 추가(15,000/1인)

〈표2〉 업체별 이벤트

A업체	B업체	C업체
• 20인 이상 전체 가격의 10% 할인 • 팀 미션형 프로그램 5% 할인 • 2년 이내 재등록 시 전체 가격의 20% 할인	• 20인 이상 전체 가격의 10% 할인 • 힐링형 프로그램 5% 할인 • 2년 이내 재등록 시 전체 가격의 25% 할인	• 25인 이상 전체 가격의 10% 할인 • 엑티비티형 장비 비용 무료 • 2년 이내 재등록 시 전체 가격의 15% 할인

〈표3〉 업체별 만족도

구분	A업체	B업체	C업체
팀 미션형	8점	8점	9점
엑티비티형	9점	9점	8점
힐링형	7점	8점	9점

〈표4〉 ○○회사 하계 워크샵 계획

- 팀 미션형 참여 인원 : 8명, 엑티비티형 참여 인원 : 12명, 힐링형 : 3명
- 20개월 전 B업체, 8개월 전에는 C업체 이용함
- 프로그램은 하루만 진행한다.

55 업체를 선정하기 전 서과장이 전체 프로그램 만족도가 24점 이하인 곳은 선택하지 말라고 지시하였다. 이때 가장 저렴하게 업체를 선정할 수 있는 비용은?(단, 1원 단위는 버림한다.)

① 약 650,360원
② 약 661,260원
③ 약 672,160원
④ 약 683,060원

 먼저 업체별 전체 프로그램 만족도를 살펴보면
A업체 : 8+9+7=24점
B업체 : 8+9+8=25점
C업체 : 9+8+9=26점
만족도가 24이하인 곳은 선택하지 않도록 지시받았으므로 A는 선택하지 않는다.
이제 B업체와 C업체 선정 시 가격을 계산해보면
(i) B업체의 경우
팀 미션형 : 35,000×8=280,000
엑티비티형 : (38,000×12)+(15,000×12)=636,000
힐링형 : (28,000×3)×0.95=79,800
20명 이상이며, 2년 이내 재등록이므로
(280,000+636,000+79,800)×0.9×0.75=672,165(원)
(ii) C업체의 경우
팀 미션형 : 37,000×8=296,000
엑티비티형 : 39,000×12=468,000
힐링형 : 30,000×3=90,000
2년 이내 재등록이므로
(296,000+468,000+90,000)×0.85=725,900(원)
따라서 B업체는 672,160원(1원 단위는 버림), C업체는 725,900원이므로 672,160원인 B업체를 선정하는 것이 저렴하다.

56 자료 조사 중 ○○회사가 프로그램 비용의 일부를 지원해주는 서비스인 사업주 할인제도의 자격이 된다는 것을 알게 되었다. 이 제도를 시행하고 있는 A업체를 선정한다고 할 때, ○○회사가 할인받게 되는 비용은 얼마인가?(단, 1원 단위이하는 버림한다.)

〈사업주 할인제도〉

구분	5인 미만	5인~10인	10인 초과
팀 미션형	5%	8%	10%
엑티비티형	8%	10%	12%
힐링형	5%	8%	10%

※ 1일 기준 할인이며, 추가할인도 가능하다.
　엑티비티 장비는 할인에서 제외 된다.

① 약 70,530원　　　　　　② 약 71,030원

③ 약 72,130원　　　　　　④ 약 73,230원

 (ⅰ) A업체의 사업주 할인제도 적용 전 가격을 구해보면
　　　　팀 미션형 : $(28,000 \times 8) \times 0.95 = 212,800$
　　　　엑티비티형 : $(40,000 \times 12) + (15,000 \times 12) = 660,000$
　　　　힐링형 : $25,000 \times 3 = 75,000$
　　　　20명 이상이므로 $(212,800 + 660,000 + 75,000) \times 0.9$
　　　　$= 853,020$(원)
　　(ⅱ) A업체의 사업주 할인제도 적용 후 가격을 구해보면
　　　　팀 미션형 : $212,800 \times 0.92 = 195,776$
　　　　엑티비티형 : $(40,000 \times 12) \times 0.88 + (15,000 \times 12) = 602,400$
　　　　힐링형 : $75,000 \times 0.95 = 71,250$
　　　　20명 이상이므로 $(195,776 + 602,400 + 71,250) \times 0.9$
　　　　$= 782,483.4$(원)
　　　　따라서 ○○회사가 할인받게 되는 비용은
　　　　$853,020 - 782,483.4 = 70,536.6$(원)
　　　　1원 단위이하를 버림하면 약 70,530(원)

57 다음 그림과 자료를 통해 B와 D에 해당하는 국가들을 연결한 것으로 옳은 것은?

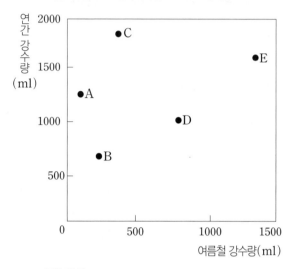

〈그림〉 각 국가의 연간 강수량 및 여름철 강수량

※ 여름철 강수 집중도 = 여름철 강수량 / 연간 강수량

ㄱ. 여름철 강수 집중도는 (라)국가와 (마)국가가 (가)국가나 (나)국가보다 2배 이상 높다.
ㄴ. (나)국가는 (가)국가보다 연간 강수량이 적다.
ㄷ. (라)국가는 (마)국가보다 연간 강수량이 많다.
ㄹ. (나)국가는 (다)국가에 비해서 연간 강수량은 많지만, 여름철 강수량은 적다.

	B	D
①	(가)	(다)
②	(다)	(마)
③	(나)	(마)
④	(나)	(다)

ㄱ에서 강수 집중도에 대한 설명이 나와 있지만 그림에는 국가별 여름철 강수량과 연간 강수량이 정확하게 나와 있지 않으므로 강수 집중도를 직접 구할 수는 없다. 그러나 축이 여름철 강수량과 연간 강수량으로 되어 있으므로, 원점에서 각국까지 이은 직선의 기울기가 $\frac{연간\ 강수량}{여름철\ 강수량}$ 의 비율, 즉 여름철 강수 집중도의 역수임을 알 수 있다. 따라서 원점에서 이은 직선의 기울기가 작은 국가일수록 여름철 강수 집중도가 커지게 된다. (라)와 (마)는 (가)와 (나)보다 강수 집중도가 2배 이상이므로 D 또는 E가 나와야 하고 (가)와 (나)는 A 또는 C가 되어야 한다.

ㄴ에서 (가)국과 (나)국은 A 또는 C가 되어야 하므로 이 둘을 비교해보면 연간 강수량이 더 많은 (가)국은 C가 되고 (나)국은 A가 된다.

ㄷ에서 (라)국과 (마)국은 D 또는 E가 되어야 하므로 연간 강수량이 많은 (라)국은 E가 되고 (마)국은 D가 된다.

ㄹ에서 A가 (나)국이므로 이에 비해 연간 강수량은 적지만 여름철 강수량이 많은 국가는 B와 D이다. D는 (마)국이므로 B는 (다)국이 된다.

따라서 B는 (다)국, D는 (마)국이다.

58

어느 아이스크림 회사의 연간 아이스크림 판매량은 그 해 여름의 평균 기온에 크게 좌우된다. 과거 자료에 따르면, 한 해의 판매 목표액을 달성할 확률은 그 해 여름의 평균 기온이 예년보다 높을 경우에 0.8, 예년과 비슷할 경우에 0.6, 예년보다 낮을 경우에 0.3이다. 일기 예보에 따르면, 내년 여름의 평균 기온이 예년보다 높을 확률이 0.4, 예년과 비슷할 확률이 0.5, 예년보다 낮을 확률이 0.1이라고 한다. 이 회사가 내년 목표액을 달성할 확률은?

① 0.65   ② 0.60

③ 0.55   ④ 0.50

 (ⅰ) 내년 여름의 평균 기온이 예년보다 높을 경우

      $0.4 \times 0.8 = 0.32$

(ⅱ) 내년 여름의 평균 기온이 예년과 비슷할 경우

      $0.5 \times 0.6 = 0.3$

(ⅲ) 내년 여름의 평균 기온이 예년보다 낮을 경우

      $0.1 \times 0.3 = 0.03$

(ⅰ)~(ⅲ)에서 세 사건이 동시에 일어나지 않으므로 구하는 확률은

$0.32 + 0.3 + 0.03 = 0.65$

59 ◎◎회사 법무팀 A씨는 팀원들 간에 다양한 갈등으로 근무하는데 어려움을 겪고 있다. 이에 A씨는 팀원들의 갈등을 완전히 해소하지는 못하더라도 원만하게 풀고 넘어가도록 돕고 싶었다. 다음 중 가장 적절하지 <u>않은</u> 행동은?

① 갈등이 반드시 사라져야 팀워크가 좋아질 것이다.
② 갈등을 그대로 방치하면 팀의 발전이 저해될 것이다.
③ 다른 사람의 의견이 끝나기도 전에 공격하는 사람에게 경고를 해야 될 것이다.
④ 자신의 입장만을 고수하는 것이 더 큰 갈등을 야기한다는 것을 알아야 한다.

정답해설 조직에서 갈등이나 의견의 불일치는 불가피하기 때문에 갈등을 완전히 없애는 것은 불가능한 상황이다. 또한 갈등을 부정적인 것으로만 받아들이는 것이 아니라 잘 관찰하고 좋은 쪽으로 이용하면, 궁극적으로 갈등을 일으킨 당사자들 간의 관계를 강화시키는 계기가 될 수 있다.

[60~61] 다음 주어진 구청의 대관 일정과 안내를 보고 물음에 답하시오.

⟨사용허가 대상 시설물⟩

구분	위치	규모(m²)	좌석수	기본 사용료
A 대강당	구청사 1층	320	200	300,000/회
B 대강당	구청사 2층	184	150	100,000/회
C 대강당	구청사 외부 2층	120	80	80,000/회

⟨사용시간⟩

구분	시간
1회차	09:00~13:00
2회차	13:00~17:00
3회차	17:00~21:00
종일권	09:00~21:00

※ 종일권의 경우 1회~3회차 사용료를 모두 합한다.

⟨6월 1일~16일 대관 일정⟩

일	월	화	수	목	금	토
					1 • A 대강당 2회차 • C 대강당 3회차	2
3	4 • B 대강당 종일권	5 • A 대강당 1회차	6 현충일	7 • A 대강당 종일권 • C 대강당 1회차, 2회차	8 • A 대강당 종일권 • B 대강당 3회차	9

108

10	11	12	13	14	15	16
	• B 대강당 1회차, 3회차 • C 대강당 종일권		2018 지방선거	• B 대강당 2회차, 3회차	• B 대강당 1회차 • C 대강당 종일권	

※ 토요일과 공휴일은 휴관일이다.

60 근로복지공단에서는 신입 사원 교육을 위해 구청 대강당 강의실을 대관하려고 한다. 신입 사원 교육의 참석자가 총 125명이고, 교육은 6월 1일~16일 중 금요일 오전 10시부터 오후 4시까지 진행될 때, 다음 중 가능한 날과 강의실이 알맞게 짝지어진 것은?

① 6월 1일 A 대강당
② 6월 8일 B 대강당
③ 6월 8일 C 대강당
④ 6월 15일 B 대강당

 신입 사원 교육의 참석자가 총 125명이므로 A 대강당, B 대강당만 수용가능하고

오전 10시부터 오후 4시까지 진행하므로 1회차와 2회차를 이어서 이용하던지, 종일권을 이용해야 한다.

따라서 6월 8일은 B 대강당이 3회차에만 대관이 있으므로 1회차와 2회차를 이어서 이용하면 교육을 진행할 수 있다.

오답해설 ① 6월 1일 A 대강당은 이미 2회차에 일정이 있으므로 대관할 수 없다.
③ 6월 8일 C 대강당는 125명을 수용할 수 없다.
④ 6월 15일 B 대강당은 이미 1회차에 일정이 있으므로 대관할 수 없다.

61 6월 1일~16일의 기간 동안 C 대강당 대관을 통해 해당 구청이 받은 사용료는 총 얼마인가?

① 2,700,000원

② 1,000,000원

③ 900,000원

④ 720,000원

 6월 1일~16일 기간 동안 C 대강당을 이용한 내역을 살펴보면

1일 : 3회차

7일 : 1회차, 2회차

11일 : 종일권

15일 : 종일권

종일권의 경우 1회~3회차 사용료를 모두 합하므로

C 대강당은 해당 기간 동안 총 9회 대관되었다.

따라서 C 대강당의 사용료는 1회에 80,000원이므로

∴ 9×80,000=720,000원

62 전화 응대 매뉴얼을 참고하여 다음 통화내용 중 A직원의 응대로 가장 적절하지 <u>않은</u> 것은?

〈표〉 전화 응대 매뉴얼

01. 벨이 3회 이내 울릴 때 받았습니까?

02. 메모준비는 되어 있습니까?

03. 자신의 소속과 이름을 말했습니까?

04. 상대방을 확인했습니까?

05. 전화를 신속히 바꿔 주었습니까?

06. 찾는 사람이 없을 경우 적절히 처리했습니까?

07. 용건을 들으며 메모했습니까?

08. 요점을 다시 한 번 물었습니까?

09. 전언을 부탁 받았을 때 상대방에게 자신의 이름을 알렸습니까?

10. 전화를 필요 이상으로 여기저기 바꿔 주지는 않았습니까?

11. 전문용어를 사용하지 않았습니까?

12. 너무 기다리게 하지는 않았습니까?

13. 확실하고 밝은 목소리로 응대했습니까?

14. 경어는 적절했습니까?

15. 끝맺음의 인사를 했습니까?

16. 상대방의 전화를 끊은 뒤 전화를 끊었습니까?

A사원 : 네, 안녕하십니까? P가구 고객센터 상담원 A입니다. 무엇을 도와드릴까요?

고객 : 아, 네. 제가 지난주 월요일에 책상을 샀는데 조립하다 보니깐 다리 부품이 하나 빠진 것 같아요.

A사원 : 네, 고객님. 먼저 불편을 드려 죄송합니다. 혹시 책상은 언제 받으셨습니까?

고객 : 지난주 목요일에 배송이 왔는데 바빠서 이번 주에 조립했어요.

A사원 : 네. 확인 감사합니다. 현재 부품 관련 상담원이 통화중이라서 번호를 알려주
시면 저희가 연락을 드리겠습니다.

고객 : 아, 네 알.겠습니다. 번호 불러드릴까요?

A사원 : 네, 잠시 만요.

고객 : 네, 제가 근무 중에 전화하는 거라 빨리 처리해주세요.

A사원 : 네, 죄송합니다. 고객님 번호 알려주시겠습니까?

고객 : 010 – 1234 – 5647입니다.

A사원 : 네, 감사합니다. 최대한 빠르게 처리될 수 있도록 도와드리겠습니다.

고객 : 네.

A사원 : 네, 귀중한 시간 내주셔서 감사합니다. 저는 상담원 A였습니다.

① 자신의 이름과 소속을 제대로 말하지 않았다.

② 전화를 필요 이상으로 여기저기 바꿔주었다.

③ 전문용어를 사용하여 상담하였다.

④ 메모준비가 덜 되어있었다.

정답
해설
전체적인 대화 내용을 살펴보면 고객이 주문한 책상을 조립하다가 다리 부품이 빠진 것 같다고 불만을
표하고 있다. 이때, A사원은 고객의 번호를 받아야 하는 상황에서 메모준비가 되어 있지 않아 고객에
게 불편을 끼치고 있다. 따라서 A직원은 미리 메모준비를 해놓고 전화응대에 임하는 것이 적절한 행
동이다.

63 A씨는 집에서 회사까지 18km/h의 속도로 자전거를 타고 가면 왕복 40분이 걸린다고 한다. 이때 집에서 회사까지의 거리는?

① 5km
② 6km
③ 10km
④ 12km

정답해설 거리＝속력×시간이므로

왕복거리＝18(km/h)× $\frac{40}{60}$ (시간)＝12km

따라서 집에서 회사까지의 거리는 12km÷2＝6km

64 남직원 수와 여직원 수의 비가 2:3인 근로복지공단에서 전체 직원의 70%가 A자격증을 가지고 있고, 나머지 30%는 가지고 있지 않다. 회사 직원 중에서 임의로 한 명을 선택할 때, 이 직원이 A자격증을 가지고 있는 남직원일 확률이 $\frac{1}{5}$ 이다. 회사 직원 중에서 임의로 선택한 직원이 A자격증을 가지고 있지 않을 때, 이 직원이 여직원일 확률은?

① $\frac{1}{5}$
② $\frac{1}{4}$
③ $\frac{1}{3}$
④ $\frac{1}{2}$

정답해설 남직원 수와 여직원 수의 비가 2:3이므로 남직원 수를 $2a$, 여직원 수를 $3a$라 하면

회사 직원 중 임의로 한 명을 선택할 때, A자격증을 가지고 있는 남직원일 확률이 $\frac{1}{5}$ 이므로

A자격증을 가지고 있는 남직원 수는 $5a \times \frac{1}{5} = a$

또한 전체 직원의 70%가 A자격증을 가지고 있으므로

A자격증을 가진 전체 직원 수는 $5a \times 0.7 = 3.5a$

A자격증을 가진 여직원 수는 $3.5a - a = 2.5a$

직원 수를 표로 정리하면

구분	남직원	여직원
A자격증 있음	a	$2.5a$
A자격증 없음	$2a - a = a$	$3a - 2.5a = 0.5a$

따라서 회사 직원 중 A자격증을 가지고 있지 않은 직원 수는 $a + 0.5a = 1.5a$이고,

이 중 여직원의 수는 $0.5a$이므로 구하는 확률은

$$\therefore \frac{0.5a}{1.5a} = \frac{1}{3}$$

65 다음 표는 냉장고, 세탁기, 에어컨, 침대, TV 등 5개 제품의 생산 및 내수 현황을 나타낸 것이다. 주어진 설명을 참고하여 A, B, C, D, E 에 해당하는 제품을 순서대로 나열한 것은?

〈표〉 5개 제품의 생산 및 내수 현황

(단위 : 만대)

구분 제품	생산		내수	
	2017년 5월	2018년 5월	2017년 5월	2018년 5월
A	347	397	163	215
B	263	293	133	163
C	385	359	103	158
D	150	157	72	77
E	161	59	151	126

ⓐ 2018년 5월에 냉장고, 세탁기, TV는 전년 동월에 비해 생산과 내수가 모두 증가하였다.

ⓑ 2018년 5월에 에어컨은 전년 동월에 비해 생산은 감소하였으나 내수는 증가하였다.

ⓒ 2018년 5월에 전년 동월에 비해 생산이 증가한 제품 가운데 생산증가대수 대비 내수증가대수의 비율이 가장 낮은 제품은 세탁기이다.

ⓓ 2018년 5월에 전년 동월 대비 생산 증가율이 가장 높은 제품은 TV이다.

	A	B	C	D	E
①	냉장고	TV	침대	에어컨	세탁기
②	세탁기	TV	침대	냉장고	에어컨
③	TV	세탁기	에어컨	냉장고	침대
④	TV	냉장고	에어컨	세탁기	침대

정답 해설 ⓐ에서 전년 동월에 비하여 생산과 내수가 모두 증가한 항목은 A, B, D이므로 냉장고, 세탁기, TV 는 A 또는 B 또는 D이다.

ⓒ에서 전년 동월에 비하여 생산은 감소하고 내수는 증가한 항목은 C이므로 C는 에어컨이다.

ⓒ에서 전년 동월에 비하여 생산이 증가한 항목은 A, B, D이고, 생산증가대수 대비 내수증가대수를 비교하면 $A=\dfrac{52}{50}=1.04$, $B=\dfrac{30}{30}=1$, $D=\dfrac{5}{7}≒0.71$이므로 비율이 가장 낮은 D가 세탁기이다.

ⓔ에서 전년 동월에 비하여 생산이 증가한 항목이 A, B, D였고, D는 세탁기이므로 A와 B의 생산증가율을 비교하면 된다.

$A=\dfrac{50}{347}×100≒14.4$, $B=\dfrac{30}{263}×100≒11.4$

A의 증가율이 더 크므로 A가 TV, B가 냉장고이고 남은 E는 침대가 된다.

따라서 A는 TV, B는 냉장고, C는 에어컨, D는 세탁기, E는 침대이다.

66 A씨는 잊어버린 네 자리 숫자의 비밀번호를 기억해 내려고 한다. 비밀번호에 대해서 가지고 있는 단서가 다음과 같을 때, 사실이 <u>아닌</u> 것은?

〈단서〉
(1) 비밀번호를 구성하고 있는 어떤 숫자도 소수가 아니다.
(2) 6과 8 중에 단 하나만 비밀번호에 들어가는 숫자다.
(3) 비밀번호는 짝수로 시작한다.
(4) 골라 낸 네 개의 숫자를 큰 수부터 차례로 나열해서 비밀번호를 만들었다.
(5) 같은 숫자는 두 번 이상 들어가지 않는다.

① 비밀번호는 짝수이다.
② 비밀번호의 앞에서 두 번째 숫자는 4이다.
③ 비밀번호는 1을 포함하지만 9는 포함하지 않는다.
④ 위 단서를 모두 만족하는 번호는 세 개가 있다.

정답 해설
(1) 비밀번호를 구성하고 있는 어떤 숫자도 소수는 아니므로 소수는 1과 자기 자신만을 나뉘지만 1보다 큰 양의 정수이므로 0~9까지 숫자 중에서 소수가 아닌 수는 0, 1, 4, 6, 8, 9이다.
(2) 6과 8 중 단 하나만 들어가므로 0, 1, 4, 6, 9 또는, 0, 1, 4, 8, 9 중 네 자리 수로 구성된다.
(3) 비밀번호는 짝수로 시작하므로 4, 6, 8로 시작한다.
(4) 큰 수부터 차례로 나열할 때 9가 포함된다면 가장 큰 수인 9로 시작하는 비밀번호가 된다. 하지만 이는 (3)을 만족하지 않으므로 0, 1, 4, 6 또는 0, 1, 4, 8의 조합 중 큰 수에서 작은 수로 나열된 것이다.
(5) 같은 숫자의 중복은 없으므로 6410, 8410 중 하나가 비밀번호임을 알 수 있다.
따라서 위의 조건을 모두 만족시키는 번호는 6410, 8410 두 개이므로 보기 중 ④이 사실이 아니다.

오답 해설
① 6410, 8410 모두 짝수이므로 사실이다.
② 6410, 8410 모두 두 번째 숫자는 4이므로 사실이다.
③ 6410, 8410 모두 1은 포함하고 9는 포함하지 않으므로 사실이다.

67

근로복지공단 일자리 안정 지원단의 나대리는 2박 3일로 세종시에 출장을 다녀왔다. 나대리는 출장 기간에 지출한 목록을 다음과 같이 표로 정리하여 영수증과 함께 제출하였다. 다음 중 2박 3일 동안 나대리가 지출한 총 식대 비용은?

〈표〉 나대리가 2박 3일동안 지출한 목록

(단위 : 원)

날짜	결제 내역	결제 시작	금액
6월 18일	고속버스터미널	08:50	21,000
	주먹밥 가게	08:55	2,000
	점심 식사	12:40	8,000
	저녁 식사	19:20	10,000
	숙박비	21:10	70,000
6월 19일	아침 식사	08:05	5,500
	택시	10:35	4,800
	점심 식사	12:50	7,000
	저녁 식사	18:50	12,000
	숙박비	22:40	60,000
	야식비	23:15	15,000
6월 20일	아침 식사	08:25	6,000
	택시	09:45	3,200
	김밥 가게	10:10	2,500
	고속버스터미널	10:30	21,000

① 68,000원   ② 68,500원

③ 69,000원   ④ 69,500원

 2박 3일 출장기간 동안 사용한 식대를 정리해보면

118

18일 : $2,000+8,000+10,000=20,000$
19일 : $5,500+7,000+12,000+15,000=39,500$
20일 : $6,000+2,500=8,500$
따라서 나대리가 지출한 총 식대 비용은
$20,000+39,500+8,500=68,000$원

68 다음 주어진 글의 내용을 보고, 사원들이 나눈 대화 중 적절하지 않은 것은?

422명 비정규직 직원 대규모 정규직 전환

근로복지공단은 정부의 「공공부문 비정규직 근로자 정규직 전환 가이드라인」에 따라 상시·지속적 업무에 종사하는 422명을 정규직으로 전환할 계획이라고 발표하였다. 공단은 정부 실태조사 기준일인 2017.7.20. 현재 총 600여명의 기간제 근로자를 대상으로 전환심의위원회를 개최하여 휴직대체 및 한시적 업무를 제외한 상시·지속적 업무 종사자 21개 직종 422명 전원을 전환대상으로 확정하였다. 전환방식에 있어서는 고용안정 및 일자리 창출 등을 균형있게 고려하여 직종별 특성에 따라 면접전형 등의 절차를 거쳐 1차 176명(2월 5일 예정), 2차 246명(2월 12일 예정) 등 설 명절 전까지 전환할 계획이다.

특히, 이번 기간제 근로자 전환에는 사회보험(산재보험, 국민연금) 사각지대 해소를 위해 공단에서 중점적으로 추진하고 있는 「두루누리 지원사업」 종사자인 보험가입조사원 215명은 물론, 공단 병원에 종사하는 일용직 병동보조원 16명까지 전환대상에 포함하여 그 의미가 더욱 더 크다. 또한, 근로복지공단은 공공부문 정규직 전환의 양대 축인 파견·용역 등 간접고용 근로자에 대한 정규직 전환도 전환로드맵에 따라 추진 중이다. 1,600여명의 간접고용 근로자 중 4차례의 "노·사 전문가 협의체" 운영 및 "직종별 실무협의"를 통한 전환심의로 총 11개 직종에 대한 전환결정을 완료하였으며, 이중 2월말까지 용역계약이 만료되는 청소·경비·시설 등 8개 직종 319명에 대해 우선적으로 전환에 필요한 정원을 요청한 상태이며, 계약 만료 시기 등을 고려하여 순차적으로 추진할 계획이다.

근로복지공단 심경우 이사장은 "금번 정규직 전환은 그 내용에 있어 일용직 근로자까지
도 전환대상에 포함하는 등 상시·지속적 업무 종사자의 고용안정을 최우선 가치를 두었
다는데 의의를 둘 수 있으며, 앞으로 추진될 파견·용역 등 간접고용 근로자에 대한 정규
직 전환도 노·사전문가협의체를 통해 신속하게 마무리 하겠다"라고 하였다.

① A사원 : 정규직 전환방식에 있어서 고용안정 및 일자리 창출 등의 균형을 잘 고
려해야겠네요.
② B사원 : 휴직 대체 및 한시적 업무 근로자는 정규직 전환이 힘들겠네요.
③ C사원 : 기간제 근로자 전환에 보험가입조사원은 포함되지만 일용직 병동보조
원은 포함되지 않는군요.
④ D사원 : 총 11개 직종에 대한 정규직 전환 결정을 완료했고, 이 중 8개 직종은
우선 전환될 예정이네요.

정답해설 주어진 글을 보면 기간제 근로자 전환에는 사회보험(산재보험, 국민연금) 사각지대 해소를 위해 공단에
서 중점적으로 추진하고 있는 「두루누리 지원사업」 종사자인 보험가입조사원 215명은 물론, 공단 병
원에 종사하는 일용직 병동보조원 16명까지 전환대상에 포함하여 그 의미가 더욱 더 크다고 했으므로
③의 내용은 적절하지 않다.

오답해설 ① 전환방식에 있어서는 고용안정 및 일자리 창출 등을 균형있게 고려하여 직종별 특성에 따라 면접전
형 등의 절차를 거쳐 전환할 계획이다.
② 휴직대체 및 한시적 업무를 제외한 상시·지속적 업무 종사자 21개 직종 422명 전원을 전환대상
으로 확정하였다.
④ 총 11개 직종에 대한 전환결정을 완료하였으며, 이중 2월말까지 용역계약이 만료되는 청소·경
비·시설 등 8개 직종 319명에 대해 우선적으로 전환에 필요한 정원을 요청한 상태이다.

[69~70] 다음 자료는 비정규직근로자에 대한 실태조사 결과 중 일부이다. 다음 물음에 답하시오.

〈표1〉 비정규직 고용 추이

(단위 : 천명, %)

구분	2013년	2014년	2015년	2016년	2017년	2018년
임금근로자	17,540	18,030	18,149	18,584	18,968	19,351
비정규직	4,635	4,839	5,606	6,394	6,483	6,457
비정규직 비율(%)	㉠	26.8	㉡	34.4	34.1	33.3

※ 임금근로자는 정규직과 비정규직으로만 구성된다고 가정함

　비정규직 비율은 소수점 둘째자리부터 버림함

〈표2〉 성별 · 연령별 비정규직근로자

(단위 : 천명)

구분	2017년				2018년			
	계	비정규직			계	비정규직		
		한시적	시간제	비전형		한시적	시간제	비전형
전체	6,483	3,615	1,045	1,908	6,457	3,626	1,135	1,933
남자	3,236	1,864	309	967	3,205	1,914	345	918
여자	3,247	1,751	736	941	3,252	1,712	790	1,015
15~19세	168	112	91	26	144	90	82	25
20~29세	1,737	944	229	256	1,641	899	225	198
30~39세	1,871	903	238	466	1,885	945	267	433
40~49세	1,364	842	222	534	1,325	800	245	558
50~59세	800	483	132	364	851	521	140	413
60세 이상	543	331	133	262	611	371	176	306

※ 비정규직 내 유형별 중복으로 규모 및 비율의 합계는 불일치함

　계는 비정규직 내 고용형태별 중복인원을 제외한 순계임

69 표1에서 다른 비정규직 비율(%) 값들을 참고하여 ㉠, ㉡의 값을 구하면?(단, 소수점 둘째자리부터 버림한다.)

	㉠	㉡
①	25.1	29.3
②	26.4	30.8
③	27.0	31.9
④	28.6	32.7

정답해설 비정규직 비율(%)은 임금근로자 대비 비정규직의 비율이므로 ㉠, ㉡의 값을 구해보면

$$㉠ = \frac{4,635}{17,540} \times 100 ≒ 26.4\%$$

$$㉡ = \frac{5,606}{18,149} \times 100 ≒ 30.8\%$$

따라서 ㉠은 26.4, ㉡은 30.8이다.

70 위의 자료에 대한 설명으로 옳지 않은 것은?

① 2018년 정규직근로자는 12,894천명으로 전체 임금근로자의 66.7%를 차지하며 전년대비 409천명 증가하였다.

② 2018년 비정규직근로자는 전년대비 26천명 감소하였고, 임금근로자 대비 비율은 0.8% 하락하였다.

③ 2017년에 비해 2018년에 남자는 비정규직근로자 수가 늘고 여자는 비정규직근로자 수가 오히려 줄었는데, 특히 여성 비정규직근로자 수 증가는 시간제근로자 수와 비전형근로자 수가 감소한 데 따른 것이다.

④ 2017년에 비해 2018년에 비정규직근로자 수가 가장 많이 감소한 연령층은 20대이며, 60세 이상 고령층에서 비정규직근로자 수가 가장 많이 증가하였다.

정답해설 2018년 남자 비정규직근로자 수는 3,205로 2017년의 3,236에 비해 감소한 데 비해, 여자는 3,247에서 3,252로 증가하였다. 여성 비정규직을 유형별로 보면 한시적 비정규직 수는 감소하였지만 시간제와 비전형 비정규직 근로자 수가 증가하였음을 알 수 있다.
따라서 ③의 설명이 옳지 않다.

오답해설 ① 2018년 임금근로자가 19,351이고 비정규직이 6,457이므로 정규직은 19,351−6,457=12,894천명이다. 그리고 비정규직의 비율이 33.3%이므로 정규직의 비율은 100%−33.3%=66.7%이다. 2017년 정규직 근로자 수는 18,968−6,483=12,485천명이므로 2018년은 2017년에 비하여 정규직 근로자 수가 12,894−12,485=409천명 증가하였다.

② 2018년 비정규직 근로자의 수는 6,457이고, 2017년은 6,483이므로 2018에 6,483−6,457=26만큼 감소하였고, 비율 역시 34.1%에서 33.3%로 0.8% 감소하였다.

④ 20대의 2018년 비정규직 근로자 수는 1,641이고 2017년은 1,737이므로 96만큼 감소하였는데 이는 비정규직 근로자 수가 감소한 다른 연령대(15~19세, 40~49세)와 비교하여 가장 크게 감소한 것이다. 60세 이상 고령층에서는 비정규직 근로자 수가 611−543=68만큼 증가하였고, 비정규직 근로자 수가 증가한 다른 연령대(30~39세, 50~59세)에 비하여 더 큰 증가폭을 보인다.

3DAY

근로복지공단 직업기초능력평가

문항수	시험시간
70문항	100분

※ 통합전공 30문항

01 다음 글의 제목으로 알맞은 것은?

근로복지공단은 재취업이 어렵고 담보 · 신용 등 경제력이 부족한 산재노동자의 경제적 자립을 돕기 위해 2018년 산재노동자 창업지원사업을 실시한다고 밝혔다. 공단의 창업지원사업은 담보나 보증 없이 산재노동자가 희망하는 점포를 공단이 직접 건물주와 전세계약을 체결 후 최대 1.5억 원까지 전세금을 대신 지불하므로 초기 창업자금 마련 부담을 덜어줄 뿐만 아니라 전문 컨설팅을 무료로 제공하여 창업 리스크를 대폭 줄여 주는 것이 가장 큰 특징이다. 점포운영자는 연 2%의 전세금 이자만을 매월 나눠 납부하면 되며, 유사 창업지원사업 중 가장 긴 최장 6년까지 지원받을 수 있다. 또한 공단은 지원자의 창업성공률을 높이기 위해 연 2%의 낮은 이자로 최대 1,500만원까지 사업자금을 융자해 주고 있다. 2000년부터 현재까지 1,563명에게 91,323백만 원을 지원하여 산재노동자의 자립기반 마련에 크게 기여하였으며, 올해에는 00명에게 1,540백만 원을 지원할 예정이다. 지원대상은 2개월 이상 요양한 산재노동자로 직업훈련 또는 창업훈련, 취득 자격증, 2년 이상 종사한 업종과 관련된 업종으로 창업을 희망하는 자와 진폐노동자이다. 다만, 성인전용 유흥 · 사치 · 향락성 업종과 국민경제상 불요불급한 업종으로 창업을 희망하는 자, 미성년자, 전국은행연합회의 금융기관 신용정보관리규약에 따라 신용도판단정보가 등록된 자 등은 지원 대상에서 제외된다. 창업지원신청은 창업예정지를 관할하는 공단의 지사(지역본부)로 하면 되며, 창업지원사업과 관련한 사항은 공단 대표전화로 문의하면 자세히 안내받을 수 있다.

① 근로복지공단, 일자리 안정 지원 사업 적극 추진
② 산재노동자 창업성공률 60%대 진입
③ 임대료 지원으로 산재노동자 창업부담 완화
④ 취약계층 보호를 위한 신규 사업 수행

정답해설 주어진 글은 초기 창업자금 마련의 부담을 덜어주기 위해 연 2%의 낮은 이자와 최장 6년 까지 지원

받을 수 있게 할 예정이라고 하였다. 따라서 '임대료 지원으로 산재노동자 창업부담 완화'가 가장 적절한 제목이다.

02 **A강사는 신입사원 연수를 위해 월요일부터 목요일까지 강의를 한다. 그는 신입사원들에게 다음 주 월요일부터 토요일까지 중에서 다음의 정보로부터 추론할 수 있는 요일(들)에 시험을 볼 것이라고 했다. 시험은 며칠에 나누어 볼 수도 있다. 시험을 볼 요일(들)은?**

- 목요일에 시험을 본다면, 토요일에도 시험을 볼 것이다.
- 월요일에 시험을 보지 않는다면, 화요일이나 목요일에 시험을 볼 것이다.
- 월요일에 시험을 본다면, 수요일에 시험을 보지 않을 것이다.
- 화요일에 시험을 본다면, 목요일이나 금요일에는 시험을 볼 것이다.
- A강사가 강의를 하지 않는 날에는 시험을 보지 않을 것이다.

① 월요일
② 화요일
③ 월요일, 수요일
④ 화요일, 목요일

정답해설 우선, 다섯 번째 조건에서 강의가 없는 날에는 시험을 보지 않는다고 했으므로, 금요일과 토요일은 배제된다.

첫 번째 조건에서 목요일에 시험을 볼 경우 토요일에도 시험을 봐야 한다고 했는데, 토요일은 시험을 볼 수 없으므로 목요일에도 시험을 볼 수 없다는 결론을 얻을 수 있다.

네 번째 조건에서 화요일에 시험을 볼 경우, 목요일이나 금요일에 시험을 보게 되는데, 목요일과 금요일 둘 다 시험을 볼 수 없는 요일이므로 화요일에도 시험을 보지 않는다.

두 번째 조건에서 월요일에 시험을 보지 않으면 화요일이나 목요일에 시험을 봐야 하는데, 화요일과 목요일은 시험을 보지 않으므로 남은 경우는 월요일 또는 수요일이다.

세 번째 조건에서 월요일에 시험을 본다면 수요일 시험을 보지 않는다고 했으므로 시험을 볼 수 있는 요일은 월요일뿐이다.

따라서 시험을 볼 요일은 월요일이다.

03 다음 중 (가), (나)에 들어갈 단어가 순서대로 바르게 연결된 것을 고르면?

강유(剛柔) : 흑백(黑白)＝(가) : (나)

---

① 사업(事業), 의복(衣服)　　　② 송죽(松竹), 부모(父母)
③ 해양(海洋), 고저(高低)　　　④ 빈부(貧富), 대소(大小)

정답해설 강유(剛柔)와 흑백(黑白)은 서로 반대되는 의미를 가진 한자가 만나 이루어진 대립관계의 한자어이다. 따라서 (가)와 (나)에는 대립관계의 한자어인 '빈부(貧富)'와 '대소(大小)'가 들어가는 것이 적절하다.

오답해설 ① 서로 비슷한 뜻을 가진 한자로 이루어진 한자어들이다.
② 서로 대등한 의미를 가진 한자가 만나 이루어진 한자어들이다.
③ 해양(海洋)은 유사관계, 고저(高低)는 대립관계의 한자어이다.

04 기차를 타고 시속 88km의 속력으로 2시간 반을 갔을 때 기차가 달린 총 거리는?

① 200km　　　　　　　　② 220km
③ 240km　　　　　　　　④ 260km

정답해설 거리＝속력×시간을 이용하면 88(km/h)×2.5(h)＝220(km)이다.

05 다음은 출퇴근재해 관련 지침에 대한 자료이다. 이에 대한 설명으로 옳은 것은?

근로복지공단은 2018년부터 통상의 출퇴근재해를 산재로 인정하는 개정 산재보험법이 시행됨에 따라 17.12.28. 이에 대한 구체적인 출퇴근재해 관련 지침을 확정, 발표하고 18.1.1.부터 시행한다고 밝혔다.

기존에는 통근버스 등 사업주가 제공하는 교통수단을 이용하던 중 발생한 사고만을 산재로 인정하였으나, 개정된 산재보험법에서는 18.1.1.부터 통상적인 경로와 방법으로 출퇴근하는 중 발생한 사고도 산재로 인정하고 있다. 통상의 출퇴근재해의 산재보상은 기존의 업무상의 재해와 동일하다.

2018년부터 시행되는 통상의 출퇴근재해 인정지침은 다음과 같다.

• 출퇴근 재해 : 업무에 종사하기 위해 또는 업무를 마침에 따라 이루어지는 출퇴근 행위 중 이동 경로 상에서 발생한 재해를 말한다.

• 통상적인 경로와 방법 : 대중교통 · 자가용 · 도보 · 자전거 등 다양한 교통수단을 이용하여 누구나 이용할 수 있다고 인정되는 통상적인 경로로 출퇴근을 하는 것을 말하는데, 공사, 시위, 집회 및 카풀을 위해 우회하는 경로도 포함한다.

• 경로의 일탈 · 중단 : 통상적인 출퇴근 경로를 일탈 또는 중단하던 중 발생한 사고는 원칙적으로 업무상 재해로 보지 않지만, 일탈 · 중단의 사유가 일상생활에 필요한 행위인 경우에는 예외적으로 업무상의 재해로 인정되는데, 일상생활에 필요한 행위로는 일상생활용품의 구입, 직무관련 교육 · 훈련 수강, 선거권 행사, 아동 또는 장애인의 등 · 하교 또는 위탁, 진료, 가족간병 등을 말한다.

• 적용제외 : 개인택시기사, 퀵서비스기사 등과 같이 출퇴근의 경로와 방법이 일정하지 않은 직종 중 본인의 주거지에 차고지를 두고 있어 주거지 출발부터 업무가 개시되는 경우 사실상 출퇴근재해의 혜택은 받기 어렵고 보험료만 부담할 우려가 있으므로 출퇴근 재해에 한해 적용 제외하여 일반 산재보험료만 부담하고 출퇴근재해 보험료는 부담하지 않도록 하였다.

• 통상의 출퇴근재해는 18.1.1. 이후 발생한 재해부터 적용된다.

① 신입사원 교육을 들으러 가는 길에 사고가 발생하면 이는 출퇴근재해로 볼 수 없다.

② 퇴근길에 버스를 타러 버스정류장에 가던 중 사고가 발생하면 이는 출퇴근재해

로 볼 수 있다.
③ 개인택시기사가 자택에서 출근 중 사고가 발생하면 이는 출퇴근재해로 볼 수 있다.
④ 출근길에 집회로 인해 우회하다가 사고가 발생하면 이는 출퇴근재해로 볼 수 없다.

정답해설 대중교통·자가용·도보·자전거 등 다양한 교통수단을 이용하여 누구나 이용할 수 있다고 인정되는 통상적인 경로로 출퇴근을 하는 중 발생하는 사고는 출퇴근재해로 인정된다.

오답해설 ① 신입사원 교육을 들으러 가는 것은 '일상생활에 필요한 행위'에 해당되므로 사고가 발생하면 이는 출퇴근재해로 볼 수 있다.
③ 개인택시기사는 주거지 출발부터 업무가 개시되는 경우 사실상 출퇴근재해의 혜택은 받기 어렵고 보험료만 부담할 우려가 있으므로 출퇴근재해에 한해 적용 제외하여 일반 산재보험료만 부담하고 출퇴근재해 보험료는 부담하지 않도록 하였다.
④ 출근길에 집회로 인해 우회하는 것은 '통상적인 경로와 방법'에 해당하므로 사고가 발생하면 이는 출퇴근재해로 볼 수 있다.

06 다음 주어진 공공직장어린이집 안내 사항을 옳지 <u>않게</u> 이해한 사람은?

공공직장어린이집 안내

1. 사업목적 : 기혼여성 근로자의 육아부담 해소를 통한 지속적 취업활동 보장과 저소득 근로자의 보육비 부담 경감으로 생활안정에 기여
2. 사업내용
   - 입소대상자 : 만 0세부터 만 5세 미만의 취학 전 아동
   - 월 보육료

구분	만 0세	만 1세	만 2세	만 3~5세
금액	430,000원	378,000원	313,000원	220,000원

   - 입소순위
     - 1순위 : 부모가 고용보험 피보험자
     - 2순위 : 모가 고용보험 피보험자
     - 3순위 : 부가 고용보험 피보험자
     - 4순위 : 기타 가정
   - 보육시간
     - 주5일, 평일 12시간 이상 운영함을 원칙으로 하며, 보호자의 근로시간 등을 참작하여 조정 운영 가능 보육에 지장을 주지 않는 범위 내에서 교사배치를 달리할 수 있음
     - 보육시간은 07:30~19:30까지 운영하는 것을 원칙으로 하고 보호자의 근로시간 등을 고려하여 조정 운영 가능
     - 기준 시간 초과보육 및 휴일보육은 보호자와 원장의 협의에 의해 실시

구분	평일	토요일	야간연장교육
보육시간	07:30~19:30	07:30~15:30	19:30~22:30

   - 보육내용(기본원칙)
     - 보호 : 영아 및 유아에 대하여 심신의 세심한 보호를 통하여 가정과 같은 분위기 조성
     - 교육 : 영유아의 신체적 · 사회적 · 지적 및 언어적 발달에 기여할 수 있는 경험제공 및 자기 존중감 발달
     - 영양 : 충분하고 균형있는 영양공급 및 바른 식습관 지도
     - 건강 : 영유아의 신체적 · 정서적 건강을 위한 예방적 서비스 제공

- 안전 : 영유아 스스로가 자신의 안전을 보호 할 수 있는 능력과 기술을 가지도록 지도
- 부모에 대한 서비스 : 부모참여, 부모교육, 보육과정의 관찰 등을 통하여 보육의 효과 제고
- 지역사회와의 교류 : 지역사회 인사의 보육활동에의 참여, 지역사회의 보육시설 활용, 보육시설의 지역사회 시설의 활용 등을 통하여 효율적인 보육프로그램의 운영
• 특수보육서비스 제공
    - 목적 : 여성근로자의 근무환경 및 지역특성에 맞는 각종 특수보육서비스의 제공으로 보육욕구 충족 및 안정적인 취업활동에 기여
    - 특수보육서비스 내용

0세 보육	0세 영아에 대한 보육프로그램 제공
시간 연장 보육	정규 보육시간 외 야간 보육프로그램
장애아 통합 교육	장애아동 보육프로그램(비장애아동 통합보육)

① A씨 : 공공직장어린이집은 기혼여성 근로자를 위한 복지네.
② B씨 : 야근 때문에 20:00에 퇴근해도 보육시간 내에 아이를 찾으러 갈 수 있겠어.
③ C씨 : 지역사회와의 교류 프로그램이 있어 지역사회 시설을 활용할 수 있구나.
④ D씨 : 특수보육서비스도 있어 장애아인 아이도 받아줄 수 있네.

정답해설 보육시간은 07:30~19:30까지 운영하는 것을 원칙으로 하고 그 이후에 이용하려면 야간연장교육을 신청해야 한다.

07 신입사원 채용지침과 지원자의 성적은 다음과 같다. 이에 따라 선발될 수 있는 사람(들)은 누구인가?

〈신입사원 채용지침〉

ㄱ. 모든 조건에 우선하여 어학 성적이 90점 이상인 어학 우수자를 최소한 한 명은 선발해야 한다.

ㄴ. 최대 3명까지만 선발할 수 있다.

ㄷ. A를 선발할 경우 D를 같이 선발해야 한다.

ㄹ. A를 선발할 수 없는 경우 C도 F도 선발할 수 없다.

ㅁ. D를 선발할 경우 B를 선발해야 하지만 C는 선발 할 수 없다.

ㅂ. B를 선발하면 F를 선발해야 한다.

ㅅ. 합격한 사람이 불합격한 사람보다 학업 성적이 나쁘면 안 된다.

ㅇ. 어느 점수든 70점 미만이 있으면 선발할 수 없다.

〈표〉 지원자의 성적

(단위 : 점)

지원자	어학 성적	학업 성적	인적성
A	95	90	80
B	80	90	75
C	80	80	75
D	70	95	75
E	95	95	90
F	85	90	70
G	85	85	65

① F
② E
③ A, B, D
④ C, G, E

정답해설 먼저 G는 조건 ㅇ에 의해 인적성 점수가 70점 미만이므로 선발 대상에서 제외된다.
조건 ㄱ에 의해 A 또는 E 중 적어도 한 명은 반드시 선발해야 한다. 따라서 경우의 수는 A만 선발하는 경우, E만 선발하는 경우, A, E모두 선발하는 경우가 있다.

(i) A만 선발하는 경우

조건 ㄷ, ㅁ, ㅂ에 의해 D, B, F를 선발해야 하지만 이렇게 되면 조건 D에 어긋난다. 그리고 이 경우 불합격자의 학업 성적이 합격자보다 높은 경우가 발생하여 조건 ㅅ에도 어긋난다. 따라서 A가 선발되는 경우는 없어야 한다.

A가 선발되는 경우가 없어야 한다는 것은 또한 A와 E 모두 선발하는 경우도 고려할 필요가 없으므로 E만 선발되는 경우만 구하면 된다.

(ii) E만 선발되는 경우

조건 ㄹ에 의해 A, C, F는 모두 선발 대상에서 제외된다. 조건 ㅂ에서 B를 선발하는 경우에는 반드시 F를 함께 선발해야 하지만 이미 F는 선발 대상에서 제외되었으므로 B도 선발할 수 없다. 마찬가지로 조건 ㅁ에서 D도 선발 대상에서 제외된다. 따라서 E만 선발될 수 있다.

따라서 신입사원으로 선발될 수 있는 사람은 E뿐이다.

08 다음 글의 순서로 가장 적절한 것은?

(가) 여전히 남성은 여성보다 더 높은 경제활동 비율을 보이고 있다. 그러나 유급 노동력에서 여성의 비율이 높아지면서, 경제적으로 적극적인 남성이 비율이 감소하고 있다. 2008년에는 45~54세 남성의 98%가 경제활동을 하고 있었지만, 2018년에는 그 수치가 95%로 줄어들었다. 이와 같이 성에 따른 격차의 축소는 미래에도 계속될 것 같다.

(나) 최근에 남성과 여성 간의 경제활동 참여율의 격차가 줄어들고 있는 데에는 여러 가지 이유가 있다. 첫째, 전통적으로 여성 그리고 '가정의 영역'과 관련된 범위와 성격에서 변화가 일어났다. 출산율이 낮아지고 출산연령이 높아지면서, 이제 많은 여성들이 젊었을 때 임금 노동에 참여하고 아이를 가진 후에 다시 일을 한다. 가족의 규모가 줄어들었다는 것은 많은 여성들이 이전에는 어린 자녀를 위해 가사에 소비했던 시간이 줄어들었다는 것을 의미한다. 많은 가사노동의 기계화는 가정을 유지하기 위해 써야 할 시간의 양을 줄이는 데 도움을 주었다. 자동식기세척기, 로봇청소기, 세탁기는 가사일을 덜 노동집약적인 것으로 만들었다. 여성들이 아직도 남성보다 더 많은 가사 일을 담당하지만, 남성과 여성 간의 가사 분업은 시간이 지나면서 꾸준히 약화되고 있다.

(다) 가장 중요한 증가는 기혼 여성에게서 이루어졌다. 결혼을 했거나 동거를 하든지, 3세 이하의 아이가 있는 여성의 60%가 보수를 받는 일을 하고 있다. 그런데 편모의 수치는 상당히 낮아서 학교에 갈 나이가 되지 않은 아이를 가진 편모의 36%만 경제활동에 참여하고 있다.

(라) 또한 금전적인 이유로 많은 여성들이 노동시장에 진출하고 있다. 영국에서 남성 가장, 여성 주부와 자녀들로 이루어진 전통적인 핵가족 모델이 이제는 가족의 1/4에 불과하다. 남성 실업의 증가를 포함하여 가구에 가해지는 경제적 압력으로 인하여 많은 여성들이 보수가 주어지는 고용을 찾게 되었다. 많은 가구들이 바람직한 생활양식을 유지하기 위하여 두 개의 소득이 필요하다는 것을 알게 되었다. 편모 가정의 증가와 독신과 무자녀 가정의 높은 비율을 포함하여 가구 구조의 변화는 전통적인 가구 이외의 여성들이 선택에 의해서든지 필요에 의해서든지 노동 시장으로 진입하게 하였다.

(마) 여성의 경제활동 참여는 다소 지속적으로 증가했다. 주요한 영향은 제2차 세계대전 동안 경험한 노동력 부족이었다. 전쟁 기간 동안 여성이 이전에는 배타적인 남성의 영역으로 간주되었던 많은 일들을 하기 시작했다. 남성들이 전쟁에서 돌아오자마자 다시 대부분의 일들을 남성이 차지했지만, 이미 만들어진 형태가 무너지기 시작했다. 전

쟁 이후 성적인 분업이 극적으로 변했다. 1945년에 여성이 전체 노동력의 29%만을 차지했다면, 1971년에는 반 정도의 여성이 경제 활동에 참여하였다. 2018년에는 영국에서 30~45세 여성의 75% 이상이 경제적으로 경제활동에 참여하였으며, 이것은 여성들의 소득이 있는 일을 하거나 일을 찾았다는 것을 의미한다.

① (가)-(다)-(마)-(나)-(라)　　② (나)-(라)-(마)-(다)-(가)
③ (마)-(다)-(가)-(나)-(라)　　④ (마)-(다)-(라)-(나)-(가)

정답해설

글의 문단들은 내용적으로 여성의 경제활동 참여가 지속적으로 증가하게 된 배경과 양상을 논하고 있는 (가), (다), (마)와 여성의 경제활동 참여의 증가로 남성과 여성 간의 경제활동 참여율 격차가 줄어들게 된 이유를 설명하고 있는 (나), (라)로 구분할 수 있다.

먼저 (가), (다), (마)를 살펴보면, (마)의 경우 여성의 경제활동 참여가 지속적으로 증가해 온 배경과 그것의 역사적인 추이를 총괄적으로 제시하고 있는 것으로 보아, 논의의 대상을 도입하는 문단의 성격을 지닌다. 그리고 (다)의 '가장 중요한 증가'라는 표현을 통해 여성의 경제활동 참여 증가의 두드러진 특징에 대해 서술하는 문단임을 알 수 있다. 그런데 (가)는 남성과의 비교 속에서 여성의 경제활동 비율이 높아지고 있는 추세와 향후 전망을 제시하고 있는 (다), (마)와 연관이 되고, 남성과 여성 간의 최근 경제활동 참여율 격차가 줄어드는 이유를 설명하고 있는 (나), (라)와도 연관된다. 즉 (가)는 앞의 (마)와 (다)의 내용과 (나)와 (라)의 내용을 잇는 역할을 하고 있다. 즉 (마) – (다) – (가)의 순서로 배열해야 한다. 또한 (나)와 (라)는 남성과 여성 간의 최근 경제활동 참여율 격차가 줄어드는 이유를 설명하고 있는데, '첫째'와 '또한~이유로' 등의 표현을 통해 (나) – (라)의 순임을 알 수 있다.

따라서 글의 문단 순서는 (마) – (다) – (가) – (나) – (라)이다.

09 아래의 뜻풀이를 참고하여 예문의 괄호 안에 넣을 가장 알맞은 단어는?

뜻풀이

경험(經驗)에 의하지 않고 순수(純粹)한 이성(理性)에 의하여 인식(認識)하고 설명하는 것

당신 생각은 (   )이야. 이성(理性)에 의한 분별(分別)에만 기초하니까. 경험(經驗)도 필요한 거야.

① 사색적(思索的)   ② 사유적(思惟的)
③ 사상적(思想的)   ④ 사변적(思辨的)

 주어진 뜻풀이에 해당하는 단어는 '사변적(思辨的)'이다. 비슷한 말로는 '철학적(哲學的)'을 들 수 있다.

 ① **사색적(思索的)** : 어떤 것에 대하여 깊이 생각하고 이치를 따지는 것
② **사유적(思惟的)** : 철학에서 개념, 구성, 판단, 추리 따위를 행하는 인간의 이성 작용 또는 대상을 두루 생각하는 일
③ **사상적(思想的)** : 철학에서 논리적 정합성을 가진 통일된 판단 체계 또는 어떠한 사물에 대하여 가지고 있는 구체적인 사고나 생각

10 밑줄 친 단어를 어법에 맞게 사용한 것은?

① 아버지는 추위를 <u>무릎쓰고</u> 밖에 나가셨다.
② 외출하기 전에 어머니께서 내 방에 잠깐 <u>들르셨다.</u>
③ 그가 미소를 <u>띤</u> 얼굴로 서 있는 모습이 보였다.
④ 내 능력 이상으로 크게 사업을 <u>벌렸다가</u> 실패하고 말았다.

정답해설 기본형은 '들르다'이며 '들르- + -시- + -었- + -다 → 들르셨다'의 활용은 어법에 맞다. '들르다'의 주요 활용 형태는 '들른다, 들렀다, 들르셨다, 들러, 들른, 들르고' 등이 된다. '들르다'는 '지나는 길에 잠깐 들어가 머무르다'라는 의미이다.

오답해설 ① 무릎쓰고 → 무릅쓰고 : '무릅쓰다'는 '힘들고 어려운 일을 참고 견디다'라는 의미이다.
③ 띤 → 띤 : '감정이나 기운 따위를 나타내다'라는 의미를 가진 '띠다'는 '띤'으로 활용한다.
④ 벌렸다가 → 벌였다 : '벌이다'는 '일을 계획하여 시작하거나 펼쳐 놓다'라는 의미이다.

11 어느 회사원이 처리해야 할 업무는 A, B를 포함하여 모두 6가지이다. 이 중에서 A, B를 포함한 4가지 업무를 오늘 처리하려고 하는데, A 를 B보다 먼저 처리해야 한다. 오늘 처리할 업무를 택하고, 택한 업무의 처리 순서를 정하는 경우의 수는?

① 70

② 72

③ 74

④ 76

정답해설 6가지 업무 중 A, B를 제외한 4가지 업무 중에서 2가지를 택하는 경우의 수는 $_4C_2=6$

이후 택한 업무의 처리 순서를 정하는 방법의 수는 선택한 4가지 업무 중에서 A, B를 같은 것으로 여기고 일렬로 나열 한 후 앞에 있는 것을 A, 뒤에 있는 것을 B라고 하면 된다.

즉, A, B 이외의 다른 업무를 C, D라고 하면

□□CD를 일렬로 나열하는 경우의 수는 $\dfrac{4!}{2!}=12$

따라서 구하는 경우의 수는 $6 \times 12=72$

[12~13] 다음 일자리 안정자금 시행계획안을 읽고 물음에 답하시오.

일자리 안정자금 시행계획(안) 주요내용

1. 지원 대상
- 원칙 : 30인 미만 고용 사업주 지원
- 예외 : 공동주택(아파트 연립주택 다세대주택) 경비원 청소원에 대해서는 30인 이상 사업주도 지원
- 지원 제외 : 고소득 사업주(과세소득 5억 이상), 임금체불 명단 공개 사업주, 국가 등 공공부문, 국가 등으로부터 인건비 재정지원 받고 있는 사업주 등

2. 지원 요건 및 지원 금액
- 지원요건
  - 신청일 이전 1개월 이상 고용이 유지된 월 보수액 190만원 미만 노동자
    ※ 일용노동자는 월 실근무일수 15일 이상인 경우 지원
    ※ 선원법상 선원의 경우 18년 선원최저임금의 120% 수준('17.12월 결정) 미만 선원
  - 최저임금 준수 및 고용보험 가입 원칙
    ※ 법상 고용보험 적용 제외자에 대해서도 일자리 안정자금 지원
    ※ 합법취업 외국인, 초단시간 노동자, 신규 취업한 만65세 이상자 및 5인 미만 농림 어업 사업체에 근무하는 노동자 등
    ※ 고용보험 가입대상에 대해서는 보험료 부담 경감 위한 지원 병행 (두루누리사업 강화, 건강보험료 경감, 사회보험료 부담액 세액공제)
  - 기존 노동자 임금(보수) 수준 저하 금지 및 고용유지 노력 의무
- 지원 금액
  - 노동자 한 명당 월 13만원, 단시간 노동자는 근로시간 비례 지급

3. 지원 체계 및 지원 절차
- 지원금 신청
  - 신청 간소화 : 사업 시행일('18.1월) 이후 연중 1회만 신청하면 지원 요건 해당 시 매월 자동 지급, 신청 이전 지원금은 최초 지원요건을 충족한 달부터 신청일이 속하는 월의 전월까지 소급하여 일괄 지급
  - 무료대행 : 보험사무 대행기관에서 무료로 지원금 신청업무 대행

– 상담서비스 제공 : 신청서 접수기관 및 콜센터(근로복지공단 고용센터)를 통해 지원금 관련 상담 서비스 제공
• 신청서 접수 : 온라인 오프라인 모두 가능
– 온라인 : 4대 사회보험공단(근로복지공단, 건강보험공단, 국민연금공단) 및 고용노동부 홈페이지, 일자리 안정자금 홈페이지(1월 오픈) 통해 신청
– 오프라인 : 4대 사회보험공단 지사, 고용노동부 고용센터 및 자치단체 주민센터에서 방문, 우편, 팩스 접수
• 지원금 지급
– 현금지급(사업주 계좌로 지원금 직접 지급) 및 보험료 상계방식(사업주 납입 사회보험료에서 지원금액 차감 후 보험료 부과 징수) 중 사업주가 선택

4. 시행기관 및 시행기간
• 시행기관 : 근로복지공단
• 시행기간 : '18.1.1~'18.12.31

12 다음 〈보기〉 중 지원을 받을 수 있는 경우를 고르면?

보기
> ㄱ. 입사한지 3개월 차이고 월 보수액 200만 원인 노동자
> ㄴ. 신규 취업한 만 65세 이상 노동자
> ㄷ. 월단위로 실근무일수 15일 이상인 일용노동자
> ㄹ. 다세대주택 경비원 · 청소원에 대해서는 30인 미만인 고용 사업주

① ㄱ   ② ㄱ, ㄴ
③ ㄴ, ㄷ   ④ ㄷ, ㄹ

정답해설 ㄱ. 1개월 이상 고용이 유지된 월 보수액 190만원 미만 노동자가 아니므로 지원대상자에 해당하지 않는다.
ㄴ. 신규 취업한 만 65세 이상 노동자는 지원대상자에 해당한다.
ㄷ. 월단위로 실근무일수 15일 이상인 일용노동자는 지원대상자에 해당한다.

정답 12 ③

141

ㄹ. 다세대주택 경비원·청소원에 대해서는 30인 이상인 고용 사업주가 아니므로 지원대상자에 해당하지 않는다.
따라서 지원을 받을 수 있는 경우는 ㄴ, ㄷ에 해당한다.

13 일자리 안정자금의 지원금액과 지원 절차에 대한 설명으로 옳지 <u>않은</u> 것은?

① 노동자 한 명당 월 13만원으로 지급된다.
② 지원금 지급은 현금지급 및 보험료 상계방식 중 노동자가 선택한다.
③ 지원금 신청서는 자치 단체 주민센터에 방문해서 접수할 수 있다.
④ 신청 간소화로 18년 1월 이후 연중 1회만 신청하여 요건 해당 시 매월 자동 지급된다.

정답해설 지원금 지급은 현금지급(사업주 계좌로 지원금 직접 지급) 및 보험료 상계방식(사업주 납입 사회보험료에서 지원금액 차감 후 보험료 부과 징수) 중 사업주가 선택한다.

[14~15] 다음 표를 보고 물음에 답하시오.

〈표〉 요양기간별 요양환자 현황

(단위 : 명)

본부	구분	총계	6개월 미만	6개월 ~1년	1년~ 2년	2년~ 3년	3년~ 5년	5년 ~10년	10년 이상
전체	총계	36,563	19,117	6,265	3,040	1,203	1,228	1,910	3,800
	입원	8,626	2,955	881	752	439	㉠	1,167	1,863
	통원	27,932	16,160	5,383	2,287	764	658	743	1,937
	재가	5	2	1	1	0	1	0	0
서울	총계	569	228	63	46	19	23	24	166
	입원	86	24	9	8	7	6	17	㉡
	통원	483	㉢	54	38	12	17	7	151
	재가	0	0	0	0	0	0	0	0

14 다음 중 빈칸의 ㉠, ㉡, ㉢의 합을 구하면?

① 782

② 784

③ 786

④ 788

㉠, ㉡, ㉢의 값을 구해보면

$8,626 = 2,955 + 881 + 752 + 439 + ㉠ + 1,167 + 1,863 = 8,057 + ㉠$

㉠ = 569

$86 = 24 + 9 + 8 + 7 + 6 + 17 + ㉡ = 71 + ㉡$

㉡ = 15

$483 = ㉢ + 54 + 38 + 12 + 17 + 7 + 151 = 279 + ㉢$

㉢ = 204

따라서 ㉠ + ㉡ + ㉢ = 569 + 15 + 204 = 788

15 다음 표에 대한 설명으로 〈보기〉 중 옳은 것은?

보기

ㄱ. 전체본부 통원 환자 중 6개월 미만 환자의 수가 50%가 넘는다.

ㄴ. 서울본부에서 5년 미만인 입원 환자는 52명이다.

ㄷ. 전체본부에 비해 서울본부의 입원 환자의 비율이 높다.

ㄹ. 서울본부에 비해 전체본부의 통원 환자의 비율이 낮다.

① ㄱ, ㄴ   ② ㄱ, ㄹ

③ ㄴ, ㄷ   ④ ㄷ, ㄹ

정답
해설

ㄱ. (참) 전체본부 통원 환자 중 6개월 미만 환자의 수는 $\dfrac{16,160}{27,932} \times 100 ≒ 57.8\%$이다.

ㄴ. (거짓) 서울본부에서 5년 미만인 입원 환자는

(전체인원)－(5년~10년인 환자의 수)－(10년 이상된 환자의 수)

$86 - 17 - 15 = 54$이므로 54명이다.

ㄷ. (거짓) 전체본부의 입원 환자의 비율은 $\dfrac{8,626}{36,563} \times 100 ≒ 23.5\%$이고,

서울본부의 입원 환자의 비율은 $\dfrac{86}{569} \times 100 ≒ 15.1\%$이므로

전체본부에 비해 서울본부의 입원 환자의 비율이 낮다.

ㄹ. (참) 전체본부의 통원 환자의 비율은 $\dfrac{27,932}{36,563} \times 100 ≒ 76.3\%$이고,

서울본부의 통원 환자의 비율은 $\dfrac{483}{569} \times 100 ≒ 84.8\%$이므로

서울본부에 비해 전체본부의 통원 환자의 비율이 낮다.

따라서 옳은 것은 ㄱ, ㄹ이다.

16 A씨의 집과 B씨의 집 사이의 거리는 **1600m**이다. A씨는 매분 **50m**의 속력으로, B씨는 매분 **30m**의 속력으로 각자의 집에서 상대방의 집을 향하여 동시에 출발하였다. 이때 A씨가 자신의 집에서 얼마나 떨어진 곳에서 B씨를 만날 것인지 구하면?

① 1km　　　　　　　　② 1.2km
③ 1.4km　　　　　　　④ 1.6km

정답해설 A씨와 B씨는 서로 상대방의 집 방향으로 걸어가다 만나므로 둘이 걸은 거리의 합은 1600m이다.
이때, 둘이 걸은 시간을 x(분)이라 하면
A씨가 걸은 거리는 $50 \times x = 50x$
B씨가 걸은 거리는 $30 \times x = 30x$
$50x + 30x = 1600$, $80x = 1600$, $x = 20$
즉 둘은 20분 동안 걷다가 만났음을 알 수 있다.
따라서 A씨가 걸은 거리는 $20 \times 50 = 1000$m $= 1$km이다.

17 A대리는 3월 2일자로 현 부서로 이동하자마자 진료특화와 관련하여 주민공청회를 개최하는 업무를 시작하였다. 주민공청회를 개최하기 위해서는 다음과 같은 활동들과 소요기간(일)이 필요하다. 여기서 각 활동들은 직전 활동들이 완성되어야만 시작된다. 가장 빠른 공청회 개최일은?(단, 주말과 공휴일은 제외한다.)

〈3월 달력〉

일	월	화	수	목	금	토
				1 공휴일	2	3
4	5	6	7	8	9	10
11	12	13	14	15	16	17
18	19	20	21	22	23	24
25	26	27	28	29	30	31

〈4월 달력〉

일	월	화	수	목	금	토
1	2	3	4	5	6	7
8	9	10	11	12	13	14
15	16	17	18	19	20	21
22	23	24	25	26	27	28
29	30					

〈표〉 주민공청회 활동과 소요기간

활동	활동내용	직전 활동	소요기간(일)
①	공청회 개최 담당조직 결성		2
②	예산확보	①	4
③	공청회 장소 물색	①	3
④	공청회 장소 결정 및 계약	③	2

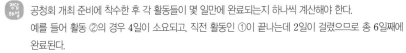

⑤	사회자, 발표자 및 토론자 선정	②	10
⑥	초청장 인쇄 및 발송	②, ⑤	5
⑦	공청회 자료 작성	①, ⑤	15
⑧	공청회 자료 운반	⑦	1
⑨	공청회 회의실 정비	④	1
⑩	공청회 개최	⑥, ⑧, ⑨	1

※ 직전 활동에 해당하는 활동이 완료되어야 다음 활동이 시작된다.
※ 여러 활동이 동시에 진행될 수도 있다.

① 4월 14일　　　　　　　② 4월 15일
③ 4월 16일　　　　　　　④ 4월 17일

정답 해설　공청회 개최 준비에 착수한 후 각 활동들이 몇 일만에 완료되는지 하나씩 계산해야 한다.

예를 들어 활동 ②의 경우 4일이 소요되고, 직전 활동인 ①이 끝나는데 2일이 걸렸으므로 총 6일째에 완료된다.

이런 방식으로 활동 ⑩까지 계산해보면

활동 ① : 2일
활동 ② : 2(직전 활동 ①)+4=6일
활동 ③ : 2(직전 활동 ①)+3=5일
활동 ④ : 5(직전 활동 ③)+2=7일
활동 ⑤ : 6(직전 활동 ②)+10=16일
활동 ⑥ : 16(직전 활동 ⑤)+5=21일
활동 ⑦ : 16(직전 활동 ⑤)+15=31일
활동 ⑧ : 31(직전 활동 ⑦)+1=32일
활동 ⑨ : 7(직전 활동 ④)+1=8일
활동 ⑩ : 32(직전 활동 ⑧)+1=33일(공청회 개최)

따라서 A대리는 3월 2일자로 부임하자마자 업무를 시작하였으므로 공휴일과 주말을 제외한 33일을 더하면 4월 17일이 된다.

18 어떤 제품의 원가에 20%의 이익을 붙여서 정가를 정했지만 물건이 팔리지 않아 정가에서 800원을 할인하여 판매하였다. 이때, 개당 1,000원의 이익이 남았다면 이 제품의 원가는?

① 9,000원   ② 10,000원

③ 11,000원   ④ 12,000원

정답해설 원가를 x원이라고 하면

20%의 이익을 붙여서 정가를 정한다고 했으므로

정가는 $x \times (1+0.2) = 1.2x$

이때 팔리지 않아 이 가격에서 800원을 할인 한다고 했으므로

실제 판매한 가격은 $1.2x - 800$

이때, 위의 가격으로 팔았을 때 개당 1,000원의 이익이 남는다고 했으므로 이는 원가에 1,000원을 더 받은 것과 같다.

$1.2x - 800 = x + 1,000$

$0.2x = 1,800$

$x = 9,000$

따라서 이 제품의 원가는 9,000원이다.

19 A사원과 B사원이 어떤 일을 하는데 둘이서 같이 하면 3시간이 걸리고, A가 2시간 동안 일을 한 후 나머지를 둘이서 같이 하면 1시간 30분이 걸린다고 한다. 이 일을 B가 혼자서 하면 몇 시간이 걸리는가?

① 9시간 ② 10시간
③ 11시간 ④ 12시간

 전체 일의 양을 1이라고 하고
A사원이 한 시간 동안 하는 일의 양을 a
B사원이 한 시간 동안 하는 일의 양을 b라 하면
둘이서 같이 하면 3시간이 걸리므로
$3a+3b=1$ … ㉠
A가 2시간 동안 일을 한 후 나머지를 둘이서 같이 하면 1시간 30분이 걸리므로
$2a+1.5(a+b)=1$
$3.5a+1.5b=1$ … ㉡
㉠, ㉡을 연립하면
$20a=5$, $a=\dfrac{1}{4}$이고 ㉠에 대입하면 $b=\dfrac{1}{12}$
따라서 B가 혼자서 하면 12시간이 걸린다.

1DAY   2DAY   3DAY

20 다음은 사원들이 아래 기사를 읽고 나눈 대화 내용이다. 기사 내용을 정확하게 파악하지 **못한** 사람은 누구인가?

석면노출로 인한 석면건강영향조사 실시

근로복지공단이 석면노출원 주변 인근 주민을 대상으로 잠재적 석면피해자를 발굴하기 위한 「환경적 석면노출로 인한 석면 건강영향조사」(이하 "석면 건강영향조사")에 참여한다. 환경부에서는 '11년부터 「석면피해구제법」에 따라 석면건강피해자를 조기에 발견하여 구제하기 위해 폐석면 광산, 과거 석면공장 등 석면노출원 주변 인근 주민을 대상으로 건강영향조사를 추진해왔다. 근로복지공단은 환경부의 위탁을 받아 미조사된 석면노출원 중 우선순위가 높은 인천시 일부지역과 슬레이트 공장 지붕이 방치되어 석면피해 위험에 노출된 목포시 일부지역을 대상으로 조사할 예정이다. 이번 조사는 7개월 동안 진행되며, 근로복지공단 소속 3개 병원(인천 · 안산 · 순천병원)에서 21명의 인력이 투입될 예정이다. 근로복지공단 소속병원은 다년간 의료 · 산업보건사업을 수행하고 있으며, 특히 산업보건사업은 1977년 강원도 태백병원을 시작으로 현재 '인천 · 안산 · 창원 · 순천 · 대전 · 동해병원' 등 전국망을 중심으로 '일반 · 특수 · 종합검진' 등 전문화되고 다양한 검진 프로그램을 운영 중에 있다. "석면 건강영향조사"는 먼저 1차 검진(진찰, 흉부 X-ray 검사 등)을 받게 되고, 1차 검진 결과 석면질환 의심자는 "흉부 CT검사", "폐기능검사" 등 2차 검진을 받게 된다. 석면질환 의심자에 대해서는 관할 시 · 군 · 구에 석면피해인정 신청을 하고 한국환경공단에서 개최하는 석면피해판정위원회의 심의를 거쳐 최종판정이 이루어진다. 금번 석면 건강영향조사는 인천광역시(남동구 논현동) 및 전남 목포시(온금동)에 위치한 석면노출원으로부터 반경 1~2km 이내 지역에 석면비산이 직접적으로 발생한 기간에 속한 날을 포함하여 10년 이상 거주하고 만 20세 이상인 사람을 대상으로 이루어진다. 근로복지공단은 보다 많은 인원이 검진을 받을 수 있도록 대중교통 및 케이블TV 홍보, 주민설명회 등을 계획하고 있으며, 인천지역과 목포지역에서 첫 실시되는 석면 건강영향조사인 만큼 지자체의 적극적인 참여가 절실히 요구되고 있다. 근로복지공단은 이번 석면 건강영향조사 참여를 통해 석면노출에 따른 피해자를 발굴 · 구제하기 위해 최선을 다하고, 공공의료기관으로서의 역할과 책임을 다해나갈 것이다.

① A사원 : 목포의 어떤 슬레이트 공장 지붕이 방치되어 석면피해 위험하다고 해요.
② B사원 : 맞아요. 근처 사는 모든 주민들은 석면 건강영향조사를 받아야겠어요.
③ C사원 : 1차 검진 후 질환 의심자는 2차 검진까지 받게 된다고 하네요.
④ D사원 : 다행이에요. 대중교통 및 케이블 TV 홍보 등을 계획하고 있어서 보다 많은 인원이 검진을 받을 수 있을 것 같아요.

정답
해설
석면노출원으로부터 반경 1~2km 이내 지역에 석면비산이 직접적으로 발생한 기간에 속한 날을 포함하여 10년 이상 거주하고 만 20세 이상인 사람을 대상으로 석면 건강영향조사가 실시된다. 따라서 근처에 사는 모든 주민들이 받는 것은 아니다.

21 총 분량이 480페이지인 보고서를 첫째 날에는 전체의 $\frac{1}{4}$을 읽었고,

둘째 날에는 나머지의 $\frac{1}{4}$, 셋째 날에는 110페이지, 넷째 날에는 나머지의 반보다 10페이지 더 읽고, 다섯째 날에 다 읽었다. 최종일에 읽은 보고서의 페이지 수는?

① 70   ② 80

③ 90   ④ 100

정답해설 첫째 날 읽은 페이지 수＝$480 \times \frac{1}{4} = 120$(페이지)

둘째 날 읽은 페이지 수＝$(480-120) \times \frac{1}{4} = 90$(페이지)

셋째 날 읽은 페이지 수＝110(페이지)

넷째 날 읽은 페이지 수＝$(360-90-110) \times \frac{1}{2} + 10 = 90$(페이지)

최종일에 읽은 페이지 수＝$480-120-90-110-90 = 70$(페이지)

22 최근 사회적으로 큰 화두로 떠오르고 있는 직장 내 성희롱을 예방하기 위해 근로복지공단은 교육을 진행하였다. 다음 〈보기〉 중 옳은 반응을 고르면?

〈사내 성희롱 예방 교육 강의〉

1. 성희롱이란?

  ① 행위자 : 사업주, 상급자, 근로자, 공공기관(단체) 종사자, 사용자 등

    피해자 : 근로자 등

  ② 성립요건

    • 직장 내 지위와 직위를 이용하여 성적 언동, 성적 굴욕감 또는 혐오감, 고용상 불이익 또는 이익을 주겠다는 의사표시를 하는 행위

    • 성희롱 행위 당시 피해자가 행위자에게 명시적으로 거부 의사를 표시하여야 직장 내 성희롱이 성립

    • 특정인을 대상으로 하지 않았더라도 듣는 이가 성적 혐오감을 느끼면 성희롱에 해당됨

  ③ 성희롱의 본질

    • 권력관계의 불균형으로 인한 성적 괴롭힘

    • 근로자의 성적 자기결정권, 행복 추구권, 사생활의 비밀과 자유, 근로권, 인격권 등 기본권 침해

    • 근로자의 근로 환경 악화 및 조직 내 통합 저해

    • 평등한 조직 문화에 악영향을 끼쳐 조직 발전 방해

2. 사건 발생 시

  ① 비공식 해결 절차

    • 고충상담 : 요구안 전달→행위자 수용→요구안 이행 모니터링

      요구안 전달→행위자 수용 거부→불수용시 조정 돌입

    ※ 고충상담원은 피해자에 대한 심리적지지, 비밀유지, 정보수집 및 제공, 해결방안 선택권을 부여해야 함

    • 조정 : 당사자 의견 청취→해결 방향 및 방안 모색→합의안 도출→이행 모니터링

    ※ 조정의 3원칙 : 자율성, 중립성, 비밀유지

  ② 공식 해결 절차 : 성희롱고충심의위원회 구성→사실 관계 조사→행위자에 대한 조치 의결→후속조치

③ 외부기관을 통한 해결
- 비사법적 권리 구제 : 국가인권위원회 진정, 지방고용노동관서 진정, 노동위원회 진정
- 사법적 권리 구제 : 지방고용노동관서 고소 · 고발, 검찰 고소 · 고발, 민 · 형사 소송

3. 예방(사업주에게 사용자 책임이 인정될 수 있음)

① 2차 피해
- 유형 : 업무 또는 고용상의 피해, 동료 근로자에 의한 피해, 행위자에 의한 피해, 기관 사건 처리 과정에서의 피해
- 방지 : 피해자 임시 분리 조치(피해자 유급휴가, 행위자 대기 발령 등), 피해자 심리 치유 지원(적극적 피해 회복 지원, 고충상담원을 통한 심리적 지지), 사후 피해 방지 및 모니터링

② 관리자(사업주)의 역할 : 조직의 리더로 평등한 조직 문화 주도, 책임자로 성희롱 방지 조치 및 사건 해결, 구성원으로 성희롱 예방 및 존중 문화 형성

③ 성희롱 예방 노력
- 개인 사생활 존중 및 공사 구분
- 성차별, 성적 대상화, 성적 농담 안 하기
- 직급, 성별 불문 존칭 · 존중 언어 사용
- 성희롱 예방 교육 실시 및 감독
- 성희롱 관련 사내규정 및 절차 마련 · 안내
- 직장 내 성 불균형 해소

④ 평등한 조직 문화를 위한 사내규정 만들기 : 평등한 조직 문화를 위한 관리자(사업주)의 노력 명시, 성희롱 피해 절차 마련(무관용 원칙 · 적극적인 피해 회복 의무 명시, 구체적인 피해자 보호 절차 명시 등)

> **보기**
> ㄱ. 성희롱을 해결 과정 중 사업주의 책임이 인정될 수 있으므로 사업주에게는 비밀로 하고 진행해야 한다.
> ㄴ. 당사자 간 합의 해결로 조직 내 갈등을 최소화하기 위해서 고충상담을 해결 절차로 선택할 수 있다.
> ㄷ. 평등한 조직 문화를 위해 사업주는 사내규정을 만드는 노력 등을 해야 한다.
> ㄹ. 성희롱을 당할 때 행위자에게 명시적으로 거부 의사를 표시하지 않아도 직장 내 성희롱에 해당한다.

① ㄱ, ㄷ   ② ㄴ, ㄷ

③ ㄴ, ㄹ   ④ ㄷ, ㄹ

ㄱ. (거짓) 성희롱을 해결 과정 중 사업주의 책임이 인정될 수 있지만 조직의 리더로, 책임자로서 사업주에게 알려 이를 해결해 나가야 한다.

ㄴ. (참) 해결 절차는 비공식 해결 절차(고충상담, 조정), 공식 해결 절차, 외부기관을 통한 해결(비사법적 권리 구제, 사법적 권리 구제)이 있으며 이 중 당사자 간 합의 해결로 조직 내 갈등을 최소화하는 해결 절차는 고충상담이다.

ㄷ. (참) 평등한 조직 문화를 위해 사업주는 사내규정을 만드는 노력, 성희롱 예방 정기 교육, 성희롱 피해 절차 마련(무관용 원칙 · 적극적인 피해 회복 의무 명시, 구체적인 피해자 보호 절차 명시 등) 등을 해야 한다.

ㄹ. (거짓) 성희롱을 당할 때 행위자에게 명시적으로 거부 의사를 표시하지 않으면 직장 내 성희롱에 성립되지 않는다.

따라서 옳은 것은 ㄴ, ㄷ이다.

23 다음 표는 **4개 도시의 생활폐기물 수거현황**이다. 표에 대한 설명으로 옳은 것은?

〈표〉 4개 도시 생활폐기물 수거 현황

구분	A시	B시	C시	D시
총가구수(천 가구)	120	150	200	350
수거 가구수(천 가구)	50	75	150	300
수거 인력(명)	123	105	130	133
총 수거 비용(백만 원)	6,443	5,399	6,033	7,928
수거 인력당 수거 가구수(가구/명)	407	714	1,154	2,256
톤당 수거비용(천 원/톤)	76.3	54.0	36.0	61.3
주당 수거빈도(횟수/주)	1	1	2	2

※ 수거비율(%) = $\dfrac{\text{수거 가구수}}{\text{총 가구수}} \times 100$

① 수거비율이 가장 낮은 도시의 수거 인력이 가장 적다.
② 수거비율이 높은 도시일수록 총수거비용도 많이 든다.
③ 수거 인력당 수거 가구수가 많은 도시일수록 톤당 수거비용이 적게 든다.
④ 수거비율이 두 번째로 높은 도시의 주당 수거빈도는 2회이다.

정답 해설

4개 도시의 수거비율을 구해보면

A시 : $\dfrac{50}{120} \times 100 ≒ 41.7\%$

B시 : $\dfrac{75}{150} \times 100 = 50\%$

C시 : $\dfrac{150}{200} \times 100 = 75\%$

D시 : $\dfrac{300}{350} \times 100 ≒ 85.7\%$

수거 비율이 두 번째로 높은 도시는 C시로 주당 수거빈도는 주 2회이다. 따라서 보기 중 옳은 설명은 ④이다.

① 수거비율이 가장 낮은 도시는 A시이고, 수거 인력이 가장 적은 도시는 B시이다.
② 수거비율이 A시보다 높은 B시의 총수거비용이 더 적다.
③ D시의 수거 인력당 수거 가구수가 가장 높지만, 톤당 수거비용은 두 번째로 많다.

24 밑줄 친 단어의 문맥적 의미와 거리가 먼 것은?

> 각 지방에서 <u>이름</u>을 얻은 분청사기들은 왕실이나 관에서 사용되기도 했다.

① 이 고장은 도자기로 <u>이름</u>이 난 곳이다.
② 그는 어릴 적 수학 신동으로 <u>이름</u>이 높았다.
③ 농산물에 지역의 <u>이름</u>을 붙이자 판매량이 늘어났다.
④ 이번 대회에는 세계적으로 <u>이름</u>있는 선수들이 참여한다.

정답해설 주어진 이름은 '세상에 알려진 평판이나 명성'의 의미로 쓰였으나 ③의 이름은 단순한 지명을 뜻한다.
나머지 보기들은 주어진 이름과 같은 의미로 쓰였다.

25 신년을 맞아 회사에서 단체로 다이어리를 주문하기 위해 업체를 선정하려고 한다. 다음과 같은 조건에서 다이어리를 적어도 몇 권 이상 주문했을 때 B업체가 A업체보다 유리해지는가?

구분	가격(권 당)	배송비
A업체	2,600	무료
B업체	2,200	2,500

① 6권   ② 7권

③ 8권   ④ 9권

 회사가 구입할 다이어리의 권수를 x라 할 때,

A업체의 가격 : $2,600 \times x$(원)

B업체의 가격 : $(2,200 \times x) + 2,500$(원)

B업체가 A업체보다 유리해지는 시점은

$2,600 \times x > (2,200 \times x) + 2,500$

$26x > 22x + 25$, $4x > 25$, $x > 6. \cdots$

따라서 7권 이상 주문했을 때 B업체가 유리하다.

26 현재 근로복지공단 재활계획부에서 일하고 있는 직원 중 하 부장의 나이는 조 대리보다 8살이 많다. 8년 후 하 부장의 나이와 조 대리의 나이의 비가 6:5라 할 때, 다음 중 현재 조 대리의 나이를 고르면?

① 32살   ② 31살

③ 30살   ④ 29살

현재 조 대리의 나이를 x(살)이라 하면

현재 하 부장의 나이는 $x+8$(살)

8년 후 조 대리의 나이는 $x+8$(살)

8년 후 하 부장의 나이는 $(x+8)+8=x+16$(살)

이때 두 사람의 나이의 비가 6:5이므로

$x+16:x+8=6:5$

$6x+48=5x+80$

$x=32$

따라서 현재 조 대리의 나이는 32살이다.

27 다음 자료는 도로 교통 현안에 대한 글을 쓰기 위해 수집한 자료이다. 이를 활용하여 이끌어 낸 내용으로 적절하지 <u>않은</u> 것은?

(가) 보도자료의 일부

도로 교통량의 증가와 자동차 과속으로 인해 야생동물이 교통사고로 죽는 일이 지속적으로 발생하고 있다. 이를 막기 위해 생태 통로를 건설하였으나, 동물의 행동 특성에 대한 고려가 부족해 기대만큼의 성과는 거두지 못하고 있다.

(나) 도로 교통 지표 추이

구분	2016년	2017년	2018년
도로 연장(km)	2,599	2,659	2,850
차량 대수(천 대)	12,914	14,586	15,396
교통 혼잡비용*(십억 원)	21,108	22,769	23,698

※ 교통 혼잡비용 : 교통 혼잡으로 인하여 추가로 발행하는 사회적 비용

(다) 자동차 배출 가스의 오염 물질 농도
　－1km 주행 시 일산화탄소(CO)의 농도

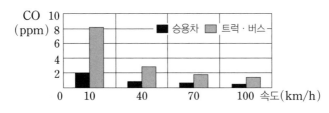

① (가)+(나) : 교통 혼잡을 개선하기 위해 도로를 신설할 때에는 동물의 행동 특성을 고려한 생태 통로를 만들 필요가 있다.

② (가)+(다) : 자동차 속도를 줄일수록 야생동물의 교통사고와 배출 가스의 오염 물질 농도가 줄어든다.

③ (나)+(다) : 교통 혼잡은 사회적 비용을 증가시킬 뿐 아니라 자동차 배출 가스의 오염 물질 농도를 증가시킨다.

④ (다) : 자동차의 배출 가스에 함유된 오염 물질의 양은 차량 종류 및 속도와 밀접하게 관련된다.

정답 해설 (가)를 야생 동물의 교통사고의 원인으로 자동차 과속을 들고 있으므로 속도를 줄일수록 사고를 줄일 수 있다고 해석할 수 있다. 또한 (다)에서 속도가 낮을 때 배출되는 일산화탄소의 농도가 더 높게 나타나므로 ②가 적절하지 않다.

오답 해설 ① (나)에서는 교통 혼잡비용이 증가하는 것을 보여주고 있으므로 이를 통해 '교통 혼잡을 개선하기 위해서 도로를 신설'해야 한다는 내용을, (가)에서는 생태 도로가 동물의 행동 특성을 고려하지 못했다고 했으므로 이를 통해 '동물의 행동 특성을 고려한 생태 도로'를 만들어야 한다는 내용을 이끌어낼 수 있다.

③ (나)를 통해 교통이 혼잡하면 사회적 비용이 증가한다는 내용을 알 수 있다. 또 교통이 혼잡하면 속도가 줄어들게 되는데 (다)를 통해 속도가 줄면 자동차 배출 가스의 오염 물질 농도가 증가한다는 것을 알 수 있다.

④ (다)는 일산화탄소의 농도를 차량의 종류(승용차, 트럭 · 버스)와 속도에 따라 제시하였으므로 적절한 내용이다.

28 사내 체육대회에 인사부 우 사원, 성 사원, 기 사원, 이 사원이 달리기 선수로 참가하였다. 달리기를 응원한 세 명의 사원 A씨, B씨, C씨에게 경기 결과를 물어보았다.

> A씨 : 우 사원이 1등, 이 사원이 2등을 했습니다.
> B씨 : 성 사원이 2등, 기 사원이 4등을 했습니다.
> C씨 : 우 사원이 3등, 성 사원이 4등을 했습니다.

이들 모두 두 선수의 등위를 대답했지만, 두 선수의 등위에 대한 대답 중 하나는 옳고 하나는 틀리다고 한다. 이때, 1등을 한 직원과 4등을 한 직원을 순서대로 나열하면?(단, 같은 등위의 선수는 없다.)

① 성 사원, 이 사원　　　　② 성 사원, 기 사원
③ 우 사원, 이 사원　　　　④ 기 사원, 성 사원

 (i) A씨의 대답 중 우 사원이 1등이라는 말이 옳고, 이 사원이 2등은 틀리다고 가정하면
　　C씨의 대답 중 (우 사원이 1등이므로) 우 사원이 3등은 틀리고, 성 사원이 4등은 옳다.
　　또한 B씨의 대답 중 (4등은 성 사원이므로) 기 사원이 4등은 틀리고, 성 사원이 2등을 옳다.
　　그런데 B씨와 C씨의 대답에서 성 사원은 2등이면서 4등이 되므로 모순이다.
(ii) A씨의 대답 중 이 사원이 2등이라는 말이 옳고, 우 사원이 1등은 틀리다고 가정하면
　　B씨의 대답 중 (2등은 이 사원이므로) 성 사원이 2등은 틀리고 기 사원이 4등은 옳다.
　　또한 C씨의 대답 중 (4등은 기 사원이므로) 성 사원이 4등이 틀리고, 우 사원이 3등은 옳다.
　　따라서 이 사원이 2등, 우 사원이 3등, 기 사원이 4등이 되고 성 사원은 1등이 된다.

[29~30] 다음은 ○○회사 사내 복지 제도에 관한 자료이다. 물음에 답하시오.

〈2018년 변경된 사내 복지 제도〉

구분	세부사항
경조사 지원	본인/가족 결혼, 회갑 등 각종 경조사 시 경조금, 화환 및 경조휴가 제공
학자금 지원	고등학생, 대학생 자녀의 학자금 지원
휴가비 지원	– 입사 3년 차 이하 30,000원/일 – 입사 4년 차 이상 50,000원/일
기타	휴직, 4대 보험 지원

〈2018년 1/4분기 지원 내역〉

이름	부서	직위	내역	변경 전	변경 후	금액(천 원)
이현태	인사부	부장	자녀 대학교 진학	지원불가	지원 가능	2,000
김병학	감사부	대리	결혼	변경 없음		200
박지현	총무부	과장	장모상	변경 없음		100
안임란	감사부	차장	휴가	금액 인상		일수비례
송희철	홍보부	사원	생일	기프트카드	상품권	50
오진	심사1부	대리	육아 휴직	금액 인상		유급휴가
주명석	의료계획부	차장	자녀 고등학교 진학	변경 없음		100
윤성훈	노사협력부	사원	생일	기프트카드	상품권	50

29 ○○회사 인사팀에서 근무하고 있는 A사원은 2018년에 새롭게 변경된 사내 복지 제도에 따라 지원 내역을 정리했다. 다음 중 잘못 구분된 사원은?

구분	사원
경조사 지원	김병학, 송희철, 윤성훈
학자금 지원	이현태
휴가비 지원	안임란, 주명석
기타	박지현, 오진

① 이현태 ② 안임란
③ 박지현 ④ 오진

정답해설 지원구분에 따르면 장모상은 경조사 지원에 포함되어야 한다. 따라서 잘못 구분된 사원은 박지현이다.

30 A사원은 2018년 1/4분기 지원 내역 중 변경 사례를 참고하여 새로운 사내 복지 제도를 정리해 추가로 공지하려고 한다. 다음 중 A사원이 정리한 내용으로 옳지 <u>않은</u> 것은?

① 복지 제도 변경 후 고등학생 자녀 뿐 아니라 대학생 자녀까지 학자금을 지원해 드립니다.

② 복지 제도 변경 후 육아 휴직에 대한 지원금이 인상되었습니다.

③ 변경 전과 달리 휴가비 지원의 경우 모든 사원에게 동일한 금액으로 지원됩니다.

④ 변경 전과 같이 생일을 제외한 경조사비용은 모든 사원에게 동일한 금액으로 지원됩니다.

정답해설 변경 전과 달리 휴가비 지원의 경우 입사 3년 차 이하 사원은 30,000원/일, 입사 4년 차 이상 사원은 50,000원/일로 다른 금액이 지원된다.
따라서 A사원이 정리한 내용으로 옳지 않은 것은 ③이다.

오답해설 ① 고등학생 자녀의 학자금은 변동 없이 1,000,000원을 지원해주고, 대학생 자녀는 지원 불가에서 가능으로 바뀌었으므로 복지 제도 변경 후 고등학생 자녀 뿐 아니라 대학생 자녀까지 학자금을 지원해줌을 알 수 있다.

② 복지 제도 변경 후 기타 지원 중 하나인 육아 휴직에 대한 지원금이 일수대비 인상되었다.

④ 변경 전과 같이 생일을 제외한 경조사비용은 모든 사원에게 동일한 금액 100,000원으로 지원된다.

31 다음 제시된 비즈니스 식사 예절 매뉴얼을 본 후의 반응으로 옳지 않은 것은?

〈비즈니스 식사 예절 매뉴얼〉

1. 식사 장소의 예약

거래처와의 식사 기회가 생긴다면 사전에 즐겨먹는 메뉴가 있는지 혹은 기피하는 메뉴가 있는지에 대한 정보를 수집해야 한다. 장소는 상대방이 움직이기 편한 곳으로 배려하고, 예정 장소를 안내함으로써 상대방이 꺼려하는 곳이 아닌지 분위기를 파악한다. 예약은 최소 3~4일 전 혹은 인기 있는 장소라면 1주일 전에는 예약을 하여 좋은 좌석을 배정받을 수 있도록 하고, 긴밀한 비즈니스 이야기를 해야 하는 상황이라면 룸이 있는 방을 예약하는 것이 좋다. 예약이 완료되면 상대방에게 문자를 통해 예약장소를 발송해 준다. 문자를 보낼 때에는 일자, 시간, 장소(세부 주소), 상호명, 예약자명을 기재한다. 예약장소의 메뉴, 가격대 등의 정보를 사전에 파악하여 메뉴 결정 등을 리드해야 하는 상황이 생겼을 때 당황하지 않도록 한다.

2. 식사 전 에티켓과 메뉴 결정

약속시간 최소 10분 전에 도착하여 기다리며, 메뉴판과 메뉴의 결정을 상대방에게 양보한다. 만약 상대방이 메뉴의 결정을 머뭇거리거나 다시 결정권을 패스할 경우에는 종업원 또는 미리 알아본 메뉴 등을 대화와 함께 주문한다. 식사 전 잔에 물을 따라주는 등의 작은 배려와 상대방이 손윗사람으로써 대접해야 하는 상황이라면 수저 등을 자리에 배치해 배려를 보여주는 것도 좋다. 간단한 음주에 대한 의견은 묻고, 상대방에게 주류에 대한 선택권을 준다. 물수건 등이 준비될 경우에는 가볍게 손만 닦는다.

3. 식사 중 예절

식사를 할 때에는 식사 속도를 상대방에게 맞춰 상대방이 식사를 먼저 마치고 멀뚱히 기다리는 상황을 방지하고, 내가 먼저 식사를 끝내어 상대방이 급하게 먹는 상황이 일어나지 않도록 주의한다. 식사 중에는 지나치게 씹는 소리가 나지 않도록 하고, 상대방이 자주 손이 가는 음식은 상대방 근처로 옮겨주는 것도 예의이다. 또한 밑반찬 등이 떨어질 경우 호출벨 등을 눌러 먼저 주문하고, 술을 즐기지 않는다고 판단될 경우에는 지나치게 권하지 않는다. 업무상 목적으로 만났다고 하더라도 식사 초반부터 일이야기를 꺼내지 않도록 주의하고 소소한 사담과 상대방이 이야기의 주도권을 가질 수 있는 화제를 던져 편안한 대화를 이끈다.

4. 식사 후 예절

식사는 입에 맞았는지 간단한 대화를 유도하여 분위기를 자연스럽게 만들어 가면 된다. 식사 후 술자리를 더 가질 계획이었다면, 자리에서 일어나기 전에 의사를 묻는다. 상대방이 차를 가지고 나왔고, 음주를 하였다면 대리운전을 사전에 준비한다. 상대방 앞에서 이쑤시개 등을 사용하지 않고 식사 후에 잠시 화장실에서 한다. 계산서는 중간에 화장실 등을 핑계로 잠시 자리를 비워 미리 계산한다. 카운터 앞에서 내가 계산하는 동안 상대방이 옆에서 멀뚱히 기다리는 상황이 발생하지 않도록 한다.

① 식당 예약이 완료되면 상대방에게 문자를 통해 예약장소를 발송해주어야 한다.
② 업무상 목적으로 만났으므로 식사 주문 후 음식이 나오기 전에 얘기를 하도록 한다.
③ 식사 후 계산은 미리 해두어 카운터 앞에서 멀뚱히 있는 상황이 발생하지 않도록 한다.
④ 상대방이 메뉴의 결정을 머뭇거릴 경우에는 미리 알아본 메뉴에 대해 어떠한지 물어본 후 함께 주문한다.

정답해설 업무상 목적으로 만났다고 하더라도 식사 초반부터 일이야기를 꺼내지 않도록 주의하고, 소소한 사담과 상대방이 이야기의 주도권을 가질 수 있는 화제를 던져 편안한 대화를 이끈다.
비즈니스 식사 예절 매뉴얼을 본 후의 반응으로 옳지 않은 것은 ②이다.

오답해설 ① 식당 예약이 완료되면 상대방에게 일자, 시간, 장소(세부 주소), 상호명, 예약자명을 기재한 문자를 발송해주어야 한다.
③ 계산서는 중간에 화장실 등을 핑계로 잠시 자리를 비워 미리 계산하여 카운터 앞에서 내가 계산하는 동안 상대방이 옆에서 멀뚱히 기다리는 상황이 발생하지 않도록 한다.
④ 상대방이 메뉴의 결정을 머뭇거릴 경우에는 예약장소의 메뉴, 가격대 등의 정보를 사전에 파악하여 메뉴 결정 등을 리드해야 하는 상황이 생겼을 때 당황하지 않도록 한다.

32 다음은 시청 홈페이지 자유게시판의 공지 사항이다. 공지 사항에 주어진 조건을 모두 충족한 것은?

제목	자유게시판 이용 시 공지사항				
작성자	법무지원부	등록일	2018-04-02	조회수	745

시정에 도움이 될 만한 건의나 제안 등을 올려 주시기 바랍니다. 단, 다음의 조건을 지켜 주십시오.
- 무엇이 어떻게 처리되었으면 좋겠다는 내용을 첫머리에 넣어서 강조해 주십시오.
- 다음으로 그 이유를 꼭 밝혀 주시기 바랍니다.
- 제안이 이루어졌을 때 예상되는 결과도 밝혀 주십시오.

① A씨 : 우리 시에도 문화 행사가 필요합니다. △△시는 봄꽃 축제를 열어 많은 관광객을 유치했습니다. 이런 문화 행사를 할 때 지역 특산품도 함께 홍보했으면 좋겠습니다.

② B씨 : ○○ 초등학교 앞은 불법 주차가 많아 교통사고의 위험성이 매우 높아요. 차들이 없어야 등굣길이 안전해집니다. 그러니까 통학로 옆의 불법 주차를 단속해주세요.

③ C씨 : 우리 시에도 체육공원을 마련해 주십시오. 시청 옆의 공터나 강변을 체육공원으로 만들 수도 있는 것 아닙니까? 그렇게 되면 시민들은 질 높은 생활을 할 수 있을 것입니다.

④ D씨 : 홈페이지에 익명으로도 글을 쓸 수 있게 해 주십시오. 혹 무슨 불이익이라도 있을까 해서 하고 싶은 말을 제대로 못합니다. 익명의 글도 허용해야 시민들의 다양한 의견을 들을 수 있을 것입니다.

정답 해설 공지사항에서 언급한 조건인 요구사항을 첫머리에 넣어 강조, 이유 제시, 예상 결과 제시를 충족한 것은 ④이다. 홈페이지에 익명으로도 글을 쓸 수 있게 해 달라는 요구사항을 언급하고 그 이유로 불이익이라도 있을까 해서 하고 싶은 말을 제대로 못한다고 제시하였다. 또 예상 결과로 시민들의 다양한 의견을 들을 수 있을 것이라는 점을 들고 있다.

오답 해설

① 문화 행사가 필요하다는 요구사항을 제시하고, 다른 도시의 사례를 언급했지만 예상 결과는 나타나지 않았다.

② 통학로 옆의 불법 주차를 단속해달라는 요구사항과 그 이유로 불법 주차가 많아 교통사고의 위험성을 제시했으나 요구사항을 첫머리에 넣어 강조하지 않았다.

③ 체육공원을 마련해달라는 요구사항과 예상결과인 시민들의 질 높은 생활을 제시했으나 이유에 대한 언급이 없다.

33

근로복지공단 직업기초시험에 응시한 남녀의 비는 3:4, 합격자의 남녀의 비는 5:3, 불합격자 남녀의 비는 1:2이다. 합격자가 160명일 때, 전체 응시 인원은 몇 명인가?

① 490명
② 480명
③ 470명
④ 460명

정답 해설

불합격한 남자의 수를 x라 하면, 불합격한 여자의 수는 $2x$

합격한 남자의 수는 $160 \times \dfrac{5}{8} = 100$명.

합격한 여자의 수는 $160 \times \dfrac{3}{8} = 60$명

시험에 응시한 남자의 수는 $(x+100)$명, 시험에 응시한 여자의 수는 $(2x+60)$명

이때, 시험에 응시한 남녀의 비는 3:4이므로 $x+100 : 2x+60 = 3:4$

$4x+400 = 6x+180$

$2x = 220,\ x = 110$

따라서 전체 응시 인원은 $210+280 = 490$명

34 다음 글을 읽고 추론한 내용으로 적절하지 않은 것은?

선거 기간 동안 여론 조사 결과의 공표를 금지하는 것이 사회적 쟁점이 되고 있다. 조사 결과의 공표가 유권자 투표 의사에 영향을 미쳐 선거의 공정성을 훼손한다는 주장과, 공표 금지가 선거 정보에 대한 언론의 접근을 제한하여 알 권리를 침해한다는 주장이 맞서고 있기 때문이다.

찬성론자들은 먼저 '밴드왜건 효과'와 '열세자 효과' 등의 이론을 내세워 여론 조사 공표의 부정적인 영향을 부각시킨다. 밴드왜건 효과에 의하면, 선거일 전에 여론 조사 결과가 공표되면 사표(死票) 방지 심리로 인해 표심이 지지도가 높은 후보 쪽으로 이동하게 된다. 이와 반대로 열세자 효과에 따르면, 열세에 있는 후보자에 대한 동정심이 발동하여 표심이 그쪽으로 움직이게 된다. 각각의 이론을 통해 알 수 있듯이, 여론 조사 결과의 공표가 어느 쪽으로든 투표 행위에 영향을 미치게 되고 선거일에 가까워질수록 공표가 갖는 부정적 효과가 극대화되기 때문에 이를 금지해야 한다는 것이다. 이들은 또한 공정한 여론 조사가 진행될 수 있는 제반 여건이 아직은 성숙되지 않았다는 점도 강조한다. 그리고 금권, 관권 부정 선거와 선거 운동의 과열 경쟁으로 인한 폐해가 많았다는 것이 경험적으로도 확인되었다는 사실을 그 이유로 든다.

이와 달리 반대론자들은 무엇보다 표현의 자유를 실현하는 수단으로서 알 권리의 중요성을 강조한다. 알 권리는 국민이 의사를 형성하는 데 전제가 되는 권리인 동시에 국민 주권 실천 과정에 참여하는 데 필요한 정보와 사상 및 의견을 자유롭게 구할 수 있음을 강조하는 권리이다. 그리고 이 권리는 언론 기관이 '공적 위탁 이론'에 근거해 국민들로부터 위임받아 행사하는 것이므로, 정보에 대한 언론의 접근이 보장되어야 충족된다. 후보자의 지지도나 당선 가능성 등에 관한 여론의 동향 등은 이 알 권리의 대상에 포함된다. 따라서 언론이 위임받은 알 권리를 국민의 뜻에 따라 대행하는 것이기 때문에, 여론 조사 결과의 공표를 금지하는 것은 결국 표현의 자유를 침해하여 위헌이라는 논리이다. 또 이들은 조사 결과의 공표가 선거의 공정성을 방해한다는 분명한 증거가 제시되지 않고 있기 때문에 조사 결과의 공표가 선거에 부정적인 영향을 미친다는 점이 확실하게 증명되지 않았음도 강조한다.

우리나라 현행 선거법은 선거일 전 6일부터 선거 당일까지 조사 결과의 공표를 금지하고 있다. 선거 기간 내내 공표를 제한했던 과거와 비교해 보면 금지 기간이 대폭 줄었음을 알 수 있다. 이 점은 공표 금지에 대한 찬반 논쟁에 시사하는 바가 크다.

① 언론 기관이 알 권리를 대행하기도 한다.
② 알 권리는 법률에 의해 제한되기도 한다.
③ 알 권리가 제한되면 표현의 자유가 약화된다.
④ 공표 금지 기간이 길어질수록 알 권리는 강화된다.

정답해설 3문단의 여론 조사 결과의 공표를 금지하는 것은 결국 표현의 자유를 침해하여 위헌이라는 논리이므로 여론 조사 결과를 공표하는 것을 금지하는 것이 알 권리를 침해하는 것임을 알 수 있다. 따라서 공표 금지 기간이 길어질수록 알 권리는 약화된다.

오답해설 ① 3문단에서 언론 기관이 공적 위탁 이론에 근거해 국민들로부터 알 권리를 위임받아 행사한다고 언급하고 있다.

② 4문단에서 현행 선거법으로 특정 기간에 여론 조사 결과의 공표를 금지한다고 언급이 있으므로 법률에 의해 알 권리가 제한될 수도 있다고 해석할 수 있다.

③ 3문단에서 알 권리를 표현의 자유를 실현하는 수단이라고 하였고 언론이 위임받은 알 권리를 국민의 뜻에 따라 대행하는 것이기 때문이다. 여론 조사 결과의 공표를 금지하는 것은 결국 표현의 자유를 침해하는 위헌이라는 논리를 통해 알 권리가 제한되면 표현의 자유가 약화될 수 있음을 알 수 있다.

[35~36] 다음은 퇴직연금에 관한 자료이다. 물음에 답하시오.

〈표〉 근로자 가입 현황

(단위 : 명, %)

구분	전체 가입 근로자	가입 대상 근로자	가입 근로자	가입률
2017년	5,344,438	10,469,026	5,013,690	47.9
2018년	5,810,244	10,879,260	5,439,436	( )

※ 전체 가입 근로자는 가입 대상 외 근로자를 포함한 것
　가입률은 소수점 둘째자리에서 반올림함

〈그림〉 2018년 성·연령별 가입률 현황(%)

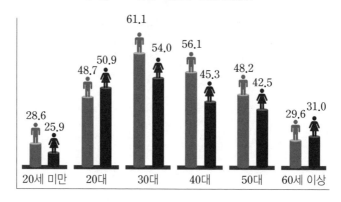

35 위의 자료에 대한 설명으로 〈보기〉 중 옳은 것은?

보기

ㄱ. 2018년 가입률은 약 50.0%이다.

ㄴ. 2018년에 가입한 남성 중 40대 가입률이 가장 높다.

ㄷ. 2018년 가입률은 20대 여자보다 30대 여자가 더 높다.

ㄹ. 전체 가입 근로자는 2018년이 전년에 비해 465,906명 늘어났다.

① ㄱ, ㄷ   ② ㄴ, ㄷ

③ ㄴ, ㄹ   ④ ㄷ, ㄹ

 ㄱ. (참) 2018년 가입률은 $\dfrac{5,439,436}{10,879,260} \times 100 ≒ 49.9\%$이므로 약 50.0%이다.

ㄴ. (거짓) 2018년에 가입한 남성 중 30대 가입률이 61.1%로 가장 높다.

ㄷ. (참) 2018년 가입률은 20대 여자가 50.9%, 30대 여자가 54.0%로 보다 더 높다.

ㄹ. (거짓) 전체 가입 근로자는 2018년이 전년에 비해
5,810,244 − 5,344,438 = 465,806명 늘어났다.

따라서 옳은 것은 ㄱ, ㄷ이다.

36 위의 자료와 아래 표를 참고하여 60대 이상 퇴직연금에 가입한 남성과 여성의 수를 구하면?(단, 소수점 첫째자리에서 반올림한다.)

〈표〉 2018년 연령별 가입자 수

(단위 : 명)

구분	전체 가입자
20대 미만	11,422
20대	775,162
30대	1,833,549
40대	1,784,277
50대	1,044,564
60대 이상	361,270
합계	5,810,244

	남성의 수	여성의 수
①	105,994명	109,994명
②	104,994명	110,994명
③	106,936명	111,994명
④	107,994명	112,994명

정답해설 위의 그림과 아래 표를 참고해서 구해보면

60대 이상 가입자 수는 361,270명이므로

남성 가입자 수 : $361{,}270 \times 29.6\% = 361{,}270 \times 0.296 = 106{,}935.92$

여성 가입자 수 : $361{,}270 \times 31\% = 361{,}270 \times 0.31 = 111{,}993.7$

따라서 소수점 첫째자리에서 반올림하면 60대 이상 퇴직연금에 가입한 남성의 수는 106,936명, 여성의 수는 111,994명이다.

37 다음 조건을 바탕으로 공 대리가 월차를 쓰기에 가장 적절한 날은?

- 공 대리는 반드시 이번 주에 월차를 쓸 예정이다.
- 공 대리는 한 대리, 안 대리와 같은 날, 또는 공휴일에 월차를 쓸 수 없다.
- 한 대리는 월요일에 월차를 쓴다고 했다.
- 안 대리가 공 대리에게 우선권을 주어 공 대리가 월차를 쓸 수 있는 날은 수, 목, 금요일 중 하루이다.
- 공 대리는 공휴일에 붙여서 월차를 쓰기로 했다.
- 이번 주에는 공휴일이 주중에 있다.

① 화요일   ② 수요일

③ 목요일   ④ 금요일

정답
해설
한 대리가 월요일에 월차를 쓴다고 했고,
공 대리가 쓸 수 있는 월차는 수, 목, 금요일 중 하루이므로
이번 주에 공휴일은 화요일임을 알 수 있다.
따라서 공 대리는 공휴일에 붙여서 월차를 쓰기로 했으므로 결국 수요일이 된다.

38 다음 글을 근거로 판단할 때, 1단계에서 갑 과장이 나눈 두 조의 인원 수로 옳은 것은?

근로복지공단 인사부서의 갑 과장은 아래 세 개의 단계를 순서대로 거쳐, 인사부서의 16명 구성원을 모두 네 조로 나누었다.

- 1단계 : 16명 구성원을 평가 성적에 따라 우수와 보통의 두 개 조로 나누고, 성적이 보통인 조의 구성원 수가 성적이 우수한 조의 구성원 수의 n배(n은 자연수)가 되는 것을 확인하였다.
- 2단계 : 5명 이상의 구성원이 있던 조에서 다른 조로 5명을 옮겨 배치하였다.
- 3단계 : 두 조를 모두 같은 인원수로 다시 두 개조로 나누어, 총 네 조가 되도록 하였다.

① 성적이 보통인 조 : 15명, 성적이 우수한 조 : 1명
② 성적이 보통인 조 : 14명, 성적이 우수한 조 : 2명
③ 성적이 보통인 조 : 12명, 성적이 우수한 조 : 4명
④ 성적이 보통인 조 : 10명, 성적이 우수한 조 : 6명

정답해설

16명의 구성원을 각 단계별 순서에 따라 분류하면 다음과 같다.

- 1단계 : 성적이 보통인 조의 구성원 수가 성적이 우수한 조의 구성원 수보다 n배(n은 자연수)가 되므로, 보통 조와 우수 조의 구성원 수는 (15/1), (14/2), (12/4), (8/8)로 구성될 수 있다.
- 2단계 : 5명 이상의 구성원이 있던 조에서 다른 조로 5명을 옮겨 배치하였으므로, 조별 구성원 수는 각각 (10/6), (9/7), (7/9), (3/13)이 된다.
- 3단계 : 두 조를 모두 같은 인원수로 다시 두 개조로 나눈다고 했으므로, 각 조의 인원수는 모두 짝수가 되어야 한다. 따라서 (10/6)명을 다시 같은 인원수로 나눈 (5/5/3/3)의 네 개조가 된다.

따라서 1단계에서 갑 과장이 나눈 두 조의 인원수는 15명과 1명이다.

39 A회사는 창립 10주년을 맞이하여 경영지원실의 직원들에게 3일의 휴가를 쓸 수 있도록 하였다. 다음 제시된 휴가날짜 중 주어진 운영 규정에 <u>어긋난</u> 날짜는?

〈휴가 운영 규정〉
- 경영지원실 소속 직원은 모두 6명이다.
- 휴가는 3일을 반드시 붙여 써야 하고, 주말 및 공휴일은 휴가 일수에서 제외한다.
- 사무실에는 최소 4명이 근무하고 있어야 한다.
- 출장을 가기 전 또는 후 하루는(주중) 반드시 출근해야 한다.
- 휴가는 4월 1일~4월 14일 중에 모두 다 다녀와야 한다.

〈4월 1일~4월 14일〉

일	월	화	수	목	금	토
1	2	3	4	5	6	7
8	9	10	11	12	13	14

〈경영지원실 휴가 일정표〉
- 지 부장 : 4월 2일~4월 4일
- 문 차장 : 4월 10일~4월 12일
- 유 과장 : 4월 3일~4월 5일
- 성 대리 : 4월 9일~4월 11일
- 한 대리 : 4월 11일~4월 13일
- 구 주임 : 4월 5일~4월 9일

① 4월 4일
② 4월 6일
③ 4월 10일
④ 4월 11일

정답 해설 주어진 운영 규정에 의해 경영지원실 직원들의 휴가날짜를 달력에 표시해보면 다음과 같다.

일	월	화	수	목	금	토
1	2 지 부장 휴가	3 지 부장 휴가 유 과장 휴가	4 지 부장 휴가 유 과장 휴가	5 유 과장 휴가 구 주임 휴가	6 구 주임 휴가	7
8	9 구 주임 휴가 성 대리 휴가	10 성 대리 휴가 문 차장 휴가	11 성 대리 휴가 문 차장 휴가 한 대리 휴가	12 문 차장 휴가 한 대리 휴가	13 한 대리 휴가	14

따라서 사무실에는 최소 4명이 근무하고 있어야 한다는 운영 규정을 지키지 않은 날짜는 4월 11일이다.

40 다음 제시된 기안문에서 잘못 표현된 부분을 바르게 지적한 것은?

수신 : 서울특별시 체육시설 관리사업 소장(운영기획과장)

(경유)

제목 : 행사 참석 요청

---

1. 귀 기관의 무궁한 발전을 기원합니다.

2. 우리시는 88 서울올림픽 주경기장 리모델링을 위하여 「올림픽 주경기장 리모델링 기본계획」을 수립 중에 있습니다.

3. 원활한 올림픽 주경기장 리모델링 기본계획을 수립하기 위해 우리 부서는 2018년 5월 18일(금) 「올림픽 주경기장 공개 워크숍」을 개최하고자 하오니 다음을 참조하여 참석바랍니다.

가. 행사개요

○ 행사명 : 올림픽 주경기장 리모델링 공개 워크숍

○ 일 시 : 2018.5.18.(금) 14:00~17:00(180분)

○ 장 소 : 서울시청 신청사 3층 대회의실

○ 참 석 : 직원 30명

○ 주 제 : 올림픽 주경기장 리모델링 방향과 향후 과제

○ 주 최 : 서울시

나. 요청사항

구분	내용
참석대상	• 서울시 · 자치구의 체육시설, 유스호스텔, 공연 및 전시시설 관련 업무 담당자 등 • 유관기관 교통(보행, 안전 등)관련 관계자 등
홍보방법	관련 단체 참석독려

붙임. 1. 올림픽 주경기장 리모델링 개최계획 개요 1부, 끝.

① 본문에 불필요한 피동형을 사용하였다.

② 본문에 전문용어 또는 일반화되지 않은 약자를 사용하였다.

③ 요청사항은 일목요연하게 들어오지 않는다.

④ 행사개요에서 애매한 표현을 사용하였다.

정답
해설 행사개요 중 참석부분에서 '직원 30명'은 성별 및 직급도 불분명하고, 어떤 과에서 30명인지, 전체에서 30명인지 불분명하다. 따라서 이 부분을 '체육시설관리부 남녀 직원 30명'으로 쓰는 것이 적절하다.

1DAY

2DAY

3DAY

[41~42] 다음은 운수업조사에 관한 자료이다. 물음에 답하시오.

〈표1〉 운수업 업종별 기업체수 및 종사자 수

(단위 : 개)

구분	기업체수		종사자 수	
	2017년	2018년	2017년	2018년
운수업	368,190	371,891	1,102	1,118
육상운송업	348,971	351,532	920	922
수상운송업	662	659	28	28
항공운송업	32	35	35	37
창고 및 운송 관련서비스업	18,525	19,665	119	131

〈표2〉 운수업 업종별 매출액

(단위 : 십억 원)

구분	2017년	2018년
운수업	140,915	141,192
육상운송업	59,563	62,299
수상운송업	37,917	31,155
항공운송업	20,997	21,756
창고 및 운송 관련서비스업	22,438	25,982

〈표3〉 운수업 업종별 영업비용

(단위 : 십억 원)

구분	2017년	2018년
운수업	125,919	126,386
육상운송업	53,108	55,205
수상운송업	36,160	31,433
항공운송업	19,163	19,487

창고 및 운송 관련서비스업	17,488	20,261

41 다음 중 자료에 대한 해석 중 옳은 것은?

① 2018년 운수업 기업체 수는 전년대비 모두 증가하였다.

② 2017년 운수업 종사자 수 중 육상운송업의 비율은 약 80%가 넘는다.

③ 2018년 운수업 매출액 중 전년대비 가장 큰 폭으로 증가한 업종은 항공 운송업이다.

④ 2017년 운수업 영업비용 중 수상운송의 비율은 약 25%를 넘지 못한다.

정답 해설 2017년 운수업 종사자 수 중 육상운송업의 비율은

$\frac{920}{1,102} \times 100 ≒ 83.5\%$로 80%가 넘는다. 따라서 보기 중 옳은 것은 ②이다.

오답 해설 ① 2018년 운수업 기업체 수는 전년대비 육상운송업은 0.7%, 항공 운송업은 9.4%, 창고 및 운송관련서비스업은 5.3% 증가하였고, 수상운송업은 0.5% 감소하였다.

③ 2018년 운수업 매출액 중 전년대비 육상운송업은 4.6% 증가, 수상운송업은 17.8% 감소, 항공 운송업은 3.6% 증가, 창고 및 운송 관련서비스업은 15.8% 증가하였다. 따라서 가장 큰 폭으로 증가한 업종은 창고 및 운송 관련서비스업이다.

④ 2017년 운수업 영업비용 중 수상운송업의 비율은 $\frac{36,160}{125,919} \times 100 ≒ 28.7\%$이므로 25%를 넘는다.

42 다음의 그림이 나타내고 있는 운수업 업종은 무엇인가?(단, 소수점 둘째자리에서 반올림한다.)

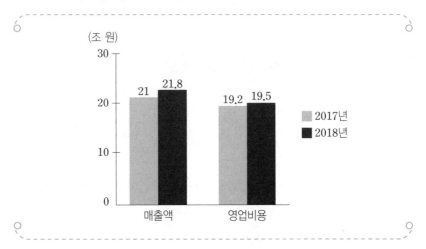

① 육상운송업   ② 수상운송업

③ 항공운송업   ④ 창고 및 운송 관련서비스업

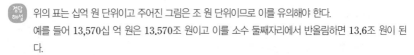

위의 표는 십억 원 단위이고 주어진 그림은 조 원 단위이므로 이를 유의해야 한다.

예를 들어 13,570십 억 원은 13.570조 원이고 이를 소수 둘째자리에서 반올림하면 13.6조 원이 된다.

따라서 주어진 그림에서 매출액은 2017년에 21조 원, 2018년에 21.8조 원이고, 영업비용은 2017년에 19.2조 원, 2018년에 19.5조 원이므로 이는 항공운송업에 해당한다.

43 다음은 A, B, C, D 네 사람의 컴퓨터 활용능력시험 결과이다.

(가) 1, 2, 3급에 각각 1명, 2명, 1명이 합격했다.

(나) A와 B는 다른 급수에 합격했다.

(다) A와 C는 다른 급수에 합격했다.

(라) D는 세 사람과 다른 급수에 합격했다.

위 사실로부터 얻을 수 있는 추론 중 항상 옳은 것은?

① A는 1급에 합격했다.　　　　② B는 2급에 합격했다.

③ C는 1급에 합격했다.　　　　④ D는 3급에 합격했다.

(라)에서 D는 세 사람과 다른 급수에 합격했다고 했는데 (가)에서 2급은 2명이 합격했다고 했으므로 D는 2급에 합격할 수 없고 1급 또는 3급에 합격했다.

(나), (다)에서 A는 B, C와 다른 급수에 합격했다고 했는데 A가 2급에 합격하면 B, C 중 한 명이 반드시 2급에 합격하게 되어 주어진 조건과 모순이므로 A는 2급에 합격할 수 없다.

즉, A는 1급 또는 3급에 합격했고, B, C는 2급에 합격했다.

따라서 A가 1급에 합격했다면 D는 3급에, A가 3급에 합격했다면 D는 1급에 합격했고, B, C는 2급에 합격한 것이므로 보기 중 ②이 항상 옳다.

44 세 명이 다트를 한 번씩 쏘아 10점 과녁에 맞힐 확률이 각각 $\dfrac{4}{5}$, p, $\dfrac{2}{5}$이다. 적어도 한 사람이 10점 과녁에 맞힐 확률이 $\dfrac{23}{25}$일 때, p의 값은?

① $\dfrac{1}{3}$ 　　　　　　　　　　② $\dfrac{1}{4}$

③ $\dfrac{1}{5}$ 　　　　　　　　　　④ $\dfrac{1}{6}$

정답해설 여사건의 확률을 이용하면

1−(세 명 모두 10점 과녁에 맞히지 못할 확률)

$1-\left[\left(1-\dfrac{4}{5}\right)(1-p)\left(1-\dfrac{2}{5}\right)\right]=\dfrac{23}{25}$

$\dfrac{3}{25}(1-p)=\dfrac{2}{25}$

$1-p=\dfrac{2}{3}$

$\therefore \text{p}=\dfrac{1}{3}$

[45~47] 다음은 다문화 인구동태에 관한 자료이다. 물음에 답하시오.

〈표1〉 다문화 혼인 건수 및 전체 혼인 중 다문화 비중(2016~2018년)

(단위 : 건)

구분	전체			다문화 혼인			출생기준 한국인 간의 혼인		
	2016년	2017년	2018년	2016년	2017년	2018년	2016년	2017년	2018년
혼인 건수	305,507	302,828	281,635	24,387	22,462	21,709	281,120	280,366	259,926

※ 다문화 혼인 : 남녀 모두 또는 어느 한쪽이라도 외국인 또는 귀화자인 경우
　출생기준 한국인 간의 혼인 : 남녀 모두 출생기준 한국인인 경우

〈표2〉 다문화 혼인 유형별 규모 및 비중(2016~2018년)

(단위 : 건, %)

구분	2016년		2017년		2018년	
	혼인 건수	비중	혼인 건수	비중	혼인 건수	비중
다문화	24,387	100.0	22,462	100.0	21,709	100.0
외국인 아내	15,505	63.6	14,051	62.6	14,255	㉠
외국인 남편	5,871	24.1	5,133	22.9	4,207	㉡
귀화자	3,011	12.3	3,278	14.6	3,247	㉢

※ 외국인 아내 : 출생기준 한국인 남자＋외국인 여자의 혼인
　외국인 남편 : 외국인 남자＋출생기준 한국인 여자의 혼인
　귀화자 : 남자 또는 여자 어느 한쪽이 귀화자 또는 남녀 모두 귀화자인 경우
　비중은 소수점 둘째자리에서 반올림한 값이므로 총 합이 100을 넘을 수 있음

45

2016~2018년 다문화 혼인 건수 비율로 바르게 짝지어진 것은?(단, 소수점 둘째자리에서 반올림한다.)

	2016년	2017년	2018년
①	8.0%	7.4%	7.7%
②	7.5%	7.0%	7.2%
③	7.0%	6.6%	6.7%
④	6.5%	6.2%	6.2%

정답해설 2016~2018년 다문화 혼인 건수의 비율을 구해보면

2016년 : $\dfrac{24,387}{305,507} \times 100 ≒ 8.0\%$

2017년 : $\dfrac{22,462}{302,828} \times 100 ≒ 7.4\%$

2018년 : $\dfrac{21,709}{281,635} \times 100 ≒ 7.7\%$

따라서 보기 중 바르게 짝지어진 것은 ①이다.

46 다음 중 ㉠−㉡+㉢의 값으로 가장 가까운 것은?(단, 소수점 둘째자리에서 반올림한다.)

① 50.5%

② 54.6%

③ 58.7%

④ 61.3%

 ㉠, ㉡, ㉢의 값을 구해보면

㉠ : $\frac{14,255}{21,709} \times 100 ≒ 65.7\%$

㉡ : $\frac{4,207}{21,709} \times 100 ≒ 19.4\%$

㉢ : $\frac{3,247}{21,709} \times 100 ≒ 15.0\%$

따라서 ㉠−㉡+㉢=65.7−19.4+15.0=61.3%

47 위 자료에 대한 설명으로 옳은 것은?

① 귀화자 혼인의 비중이 점차 감소하고 있다.

② 다문화 혼인 중 남녀 어느 한쪽만 외국인인 경우가 가장 많다.

③ 2018년은 전년대비 외국인 남편과의 혼인이 약 15% 감소하였다.

④ 남녀 모두 한국인인 경우 혼인 건수가 점차 증가하고 있다.

정답 해설 다문화 혼인 중 남녀 어느 한쪽만 외국인인 경우는 외국인 아내, 외국인 남편과 결혼한 것이므로 표2 에서 보면 이 경우 혼인 비중이 가장 높다.

오답 해설 ① 귀화자 혼인의 경우 2016년에는 12.3%, 2017년 14.6%, 2018년 15.0%로 점차 증가하고 있다.

③ 2018년은 전년대비 외국인 남편과의 혼인이 $\dfrac{(4,207-5,133)}{5,133} \times 100 ≒ 18\%$ 감소하였다.

④ 남녀 모두 한국인인 경우 혼인 건수는 표1을 참고하면 2016년 281,120건, 2017년 280,366건, 2018년 259,926건으로 점차 감소하고 있다.

48 다음 두 문장이 모두 참이라고 할 때, 〈보기〉중에서 참인 문장을 고르면?

- 바다에는 물고기가 산다.
- 물고기가 사는 곳에는 낚시를 할 수 있다.

보기
ㄱ. 바다에서는 낚시를 할 수 있다.
ㄴ. 물고기가 살지 않으면 바다가 아니다.
ㄷ. 바다가 아닌 곳에서는 낚시를 할 수 없다.

① ㄱ
② ㄷ
③ ㄱ, ㄴ
④ ㄴ, ㄷ

주어진 문장을 다음과 같은 조건 p, q, r로 정리하면

p : 바다이다.
q : 물고기가 산다.
r : 낚시를 할 수 있다.

p→q, q→r이 모두 참이므로 p→r도 참이 된다.
ㄱ. (참) 기호로 나타내면 p→r이므로 참이다.
ㄴ. (참) 기호로 나타내면 ~q→~p이고 이것은 p→q의 대우이므로 참이다.
ㄷ. (거짓) 기호로 나타내면 ~p→~r이고 이것은 r→p의 대우이므로 항상 참은 아니다.
따라서 참인 문장은 ㄱ, ㄴ이다.

49 다음 중 'A는 결혼을 하지 않았다.'는 진술과 모순되는 진술을 이끌어 내기 위해 필요한 전제를 아래 〈보기〉에서 모두 맞게 고른 것은?

보기

> ㉠ A는 야구를 좋아한다.
> ㉡ A가 결혼을 하지 않았다면 A는 서울 출신이다.
> ㉢ A가 야구를 좋아했다면, A는 서울 출신이 아니다.
> ㉣ A가 염색을 했다면, A는 서울 출신이다.
> ㉤ A는 야구를 좋아하거나 염색을 했다.

① ㉠, ㉡, ㉢   ② ㉠, ㉡, ㉣
③ ㉡, ㉢, ㉣   ④ ㉡, ㉢, ㉤

정답 해설
'A는 결혼을 하지 않았다.'는 진술과 모순되는 진술은 'A는 결혼을 했다.'라는 진술이다. 〈보기〉 중 결혼과 관련된 전제는 ㉡뿐이다. ㉡을 명제로 볼 때, 그 대우인 'A가 서울 출신이 아니라면 A는 결혼을 했다.'도 참이 된다는 것을 알 수 있다. 따라서 'A는 결혼을 했다.'는 것을 이끌어 내기 위해서는 '서울 출신이 아니다.'라는 전제가 필요하므로, ㉠과 ㉢이 필요하게 된다. 따라서 'A는 결혼을 했다.'라는 진술을 이끌어 내기 위해서는 ㉠, ㉡, ㉢이 필요하다는 것을 알 수 있다.

[50~51] 다음 주어진 자료를 보고 물음에 답하시오.

> 예 2018년 7월 서울 1공장에서 만들어진 i5인 A사 검은색 노트북 중 112번째로 만들어진 제품
>
> 0718 – P01 – A0Y2–Z500 – 0112
>
> (제조 연도) – (생산 공장 코드) – (노트북 종류) – (노트북 사양) – (제품 생산 번호)

〈표〉 시리얼 넘버 생성표

제조 연도	생산 공장 코드			노트북 종류			노트북 사양		제품 생산 번호
2018년 4월 → 0418	P	서울	01	A0	A사	W1	흰색	Z300	i3	생산 순서 대로 0001부터 시작
			02			Y2	검은색	Z500	i5	
	Q	경기	01							
			02							
	R	충북	01	B0	B사	W1	흰색	Z700	i7	
			02							
	S	전북	01			Y2	검은색			
			02							

50 다음 주어진 시리얼 넘버에 대한 설명으로 옳은 것은?

1018 – S02 – A0W1 – Z300 – 0073

① 2018년 1월에 제작된 제품이다.　② 173번째로 제작된 제품이다.

③ A사 흰색 노트북 중 하나이다.　④ 노트북 사양은 i5이다.

정답해설 주어진 시리얼 넘버를 살펴보면
1018 : 2018년 10월에 제작되었다.
S02 : 전북 2공장에서 제작되었다.
A0W1 : A사 노트북 중 흰색이다.
Z300 : 사양은 i3이다.
0073 : 73번째로 제작된 제품이다.
따라서 이에 대한 설명으로 옳은 것은 ③이다.

오답해설 ① 2018년 10월에 제작된 제품이다.
② 73번째로 제작된 제품이다.
④ 노트북 사양은 i3이다.

51 송대리는 포토샵 프로그램의 원활한 사용을 위해 사양이 높은 B사 노트북을 구입하려고 한다. 다음 중 송대리가 선택할 노트북 시리얼 넘버로 옳은 것은?

① 0318-P02-B0W1-Z700-0313
② 1217-Q01-B0Y2-Z300-0107
③ 0518-S01-B0W1-Z500-1026
④ 0117-R02-A0Y2-Z700-1008

 송대리는 B사의 i7 사양의 노트북이 필요하므로 보기의 시리얼 넘버 중 B0으로 시작하고, Z700인 것을 고르면 된다.
따라서 송대리가 선택할 노트북 시리얼 넘버는 ①이다.

오답해설 ② i3 사양이라 선택하지 않는다.
③ i5 사양이라 선택하지 않는다.
④ A사 노트북이라 선택하지 않는다.

[52~53] A회사는 추석을 맞이하여 직원들에게 선물을 제공하려고 한다. 다음을 보고 물음에 답하시오.

〈표1〉 A회사 일부 직원들 목록

부서	직원
인사부	현 부장
	강 과장
	하 대리
	권 사원
총무부	손 차장
	안 과장
	김 대리
	원 사원

〈표2〉 선물의 정가 및 할인율

구분	정가	할인율
한우 세트	180,000원	8%
홍삼 세트	135,000원	10%
기름 세트	80,000원	5%
수제 과일청 세트	85,000원	10%
참치 세트	78,000원	8%
햄 세트	45,000원	8%
건강보조식품 세트	110,000원	5%

〈표3〉 선물 조건

직급	조건
부장	15만원 초과
차장	10만 원 초과 15만 원 이하
과장	

대리	5만 원 초과 10만 원 이하
사원	5만 원 이하

※ 선물 조건은 정가를 기준으로 한다.

52 A회사 직원들이 희망하는 선물 목록을 나타낸 표이다. 위의 자료를 보고 희망하는 선물 목록을 바꿔야 하는 직원은 누구인가?

부서	직원	희망하는 선물
인사부	현 부장	한우 세트
	강 과장	홍삼 세트
	하 대리	수제 과일청 세트
	권 사원	기름 세트
총무부	손 차장	홍삼 세트
	안 과장	건강보조식품 세트
	김 대리	참치 세트
	원 사원	햄 세트

① 권 사원　　② 강 과장
③ 손 차장　　④ 김 대리

표3 선물 조건에 따라 사원은 정가가 5만 원이하 선물만 가능하다. 그런데 인사부 권 사원은 정가가 8만 원인 기름세트를 희망하므로 조건을 충족하지 않는다. 따라서 권 사원은 정가가 5만 원 이하인 '햄 세트'로 희망하는 선물을 바꿔야 한다.

53

위의 직원이 조건을 만족하는 선물로 바르게 바꾸었을 때, 직원들에게 나누어줄 선물의 할인된 총 구매 금액이 얼마인지 구하면?

① 741,060원   ② 742,160원

③ 743,060원   ④ 744,160원

 A회사 직원들이 희망하는 선물 목록을 바르게 정리하면 다음과 같다.

부서	직원	희망하는 선물
인사부	현 부장	한우 세트
	강 과장	홍삼 세트
	하 대리	수제 과일청 세트
	권 사원	햄 세트
총무부	손 차장	홍삼 세트
	안 과장	건강보조식품 세트
	김 대리	참치 세트
	원 사원	햄 세트

또한 선물에 할인율을 적용한 가격은 다음과 같다.

구분	정가	할인율	할인 가격
한우 세트	180,000원	8%	165,600원
홍삼 세트	135,000원	10%	121,500원
기름 세트	80,000원	5%	76,000원
수제 과일청 세트	85,000원	10%	76,500원
참치 세트	78,000원	8%	71,760원
햄 세트	45,000원	8%	41,400원
건강보조식품 세트	110,000원	5%	104,500원

직원들에게 나누어줄 선물의 총 구매 금액을 구해보면

$165,600+(121,500 \times 2)+76,500+71,760+(41,400 \times 2)+104,500=744,160$원

∴ 744,160원

[54~55] 다음은 근로복지공단 신입 사원들이 받아야 할 교육에 관한 표이다. 물음에 답하시오.

〈표〉 근로복지공단 신입사원 강의 일정 및 비용

구분	A강의		B강의		C강의	
	안 강사	박 강사	심 강사	허 강사	이 강사	함 강사
강의 일정	화요일 09:00~12:00 목요일 16:00~19:00	수요일 16:00~19:00 금요일 09:00~12:00	수요일 09:00~12:00 목요일 09:00~12:00	월요일 09:00~12:00 화요일 14:00~17:00	목요일 14:00~17:00 금요일 16:00~19:00	월요일 16:00~19:00 화요일 16:00~19:00
비용	130,000원	115,000원	140,000원	120,000원	120,000원	110,000원

※ 교육은 2주간 진행되며, A강좌~C강좌 3개의 교육 강의는 반드시 이수해야 한다.
　같은 강의의 경우에는 어떤 강사의 수업을 들어도 상관없으며, 하루에 세 강의 이상 수강은 불가능하다.
　강의 일정은 서로 겹치지 않아야 하고, 강의별로 수강을 위해 이동하는 시간은 고려하지 않는다.

54 이번에 새로 입사한 윤 사원은 교육을 이수해야 한다. 최대한 요일을 적게 나오려고 할 때, 윤 사원이 교육을 받을 강의의 강사들을 바르게 짝지은 것은?

	A강의	B강의	C강의
①	안 강사	심 강사	함 강사
②	안 강사	허 강사	이 강사
③	박 강사	허 강사	함 강사
④	박 강사	심 강사	이 강사

정답해설 주어진 강의 일정을 정리해보면 다음과 같다.

구분	월	화	수	목	금
09:00~12:00	B, 허 강사	A, 안 강사	B, 심 강사	B, 심 강사	A, 박 강사
14:00~17:00		B, 허 강사		C, 이 강사	
16:00~19:00	C, 함 강사	C, 함 강사	A, 박 강사	A, 안 강사	C, 이 강사

이때 최대한 요일을 적게 나오려면
(i) A강의-안 강사로 듣는다면
    B강의-허 강사, C강의-이 강사로 듣게 되므로 월, 화, 목, 금요일 나오게 된다.
    또는 B강의-심 강사, C강의-함 강사로 듣게 되므로 월, 화, 수, 목요일 나오게 된다.
(ii) A강의-박 강사로 듣는다면
    B강의-심 강사, C강의-이 강사로 듣게 되므로 수, 목, 금요일 나오게 된다.
(i)∧(ii)을 통해 윤 사원이 최대한 요일을 적게 나오는 경우는 수, 목, 금요일 3일이며, A강의-박 강사, B강의-심 강사, C강의-이 강사로 들어야 한다.

55 이번에 새로 입사한 황 사원은 요일에 상관없이 가장 저렴하게 교육을 듣는 방법을 선택하려고 한다. 다음 중 황 사원의 최저교육비용을 고르면?

① 350,000원
② 355,000원
③ 360,000원
④ 365,000원

정답
해설 강의 별로 가장 최저교육비용의 강사들을 찾으면
A강의-박 강사, B강의-허 강사, C강의-함 강사
이때, 화요일에 B강의와 C강의의 시간이 겹치므로 비용이 만 원 차이인(B강의는 2만 원 차이) C강의를 이 강사로 바꾸면 겹치는 것이 없이 최저교육비용으로 강의를 듣게 된다.
따라서 황 사원의 최저교육비용은 115,000＋120,000＋120,000＝355,000원이다.

56 다음은 생명보험사별 산업별 투자내역에 대한 표이다. 이에 대한 설명으로 옳지 <u>않은</u> 것은?

〈표〉 생명보험사별 산업별 투자내역

(단위 : 백만 원)

구분	농업, 임업, 어업 및 광업	제조업	건설업	도 · 소매 및 음식 · 숙박업	운수, 창고 및 통신업	사회 및 개인서비스업
A사	21,152	6,881,000	19,450	87,588	115,870	201,456
B사	11,803	5,752,200	16,161	106,135	80,678	164,600
C사	18,870	7,620,500	35,311	76,453	109,443	70,860
계	51,825	20,253,700	70,922	270,176	305,991	436,916

① 생명보험사에 투자를 제일 많이 하는 산업은 제조업이다.

② 건설업 중 A사에 투자하는 비율은 약 25%가 넘는다.

③ 사회 및 개인 서비스업에서 A사 투자금은 C사 투자금의 3배 이상이다.

④ C사는 농업, 임업, 어업 및 광업 분야에서 가장 적은 투자를 받는다.

정답해설 사회 및 개인 서비스업에서 A사 투자금은 201,456이고, C사 투자금은 70,860이므로
$70,860 \times 3 = 212,580 > 201,456$
따라서 사회 및 개인 서비스업에서 A사 투자금은 C사 투자금의 3배 이하이다.

오답해설 ① 생명보험사에 투자를 제일 많이 하는 산업은 제조업(20,253,700)이다.

② 건설업 중 A사에 투자하는 비율은 $\frac{19,450}{70,922} \times 100 ≒ 27.4\%$으로 25%가 넘는다.

④ C사는 농업, 임업, 어업 및 광업 분야(18,870)에서 가장 적은 투자를 받는다.

57 다음 안내문을 읽고, 이에 대한 반응으로 옳지 <u>않은</u> 것은?

산재연금수급자 종합건강검진 지원 행사 안내

고객님 안녕하십니까?

항상 근로복지공단을 성원해 주시는 고객님께 감사한 마음을 전하며 고객님의 가정에 행복과 건강이 깃드시길 진심으로 기원합니다. 우리 공단에서는 산재연금수급자의 복지 향상을 도모하고자 2011년 연금전용카드를 도입한 이후 다양한 지원 행사를 마련해 오고 있습니다. 산재연금수급자 전용카드를 발급 받으시면 다양한 부가서비스 혜택을 누릴 수 있으며, 카드발급 및 사용으로 인해 적립된 기금은 연금수급자의 복리증진을 위하여 쓰일 예정이오니 많은 관심 부탁드립니다.

올해도 적립기금을 이용하여 산재연금수급자 가족의 건강과 행복을 지켜주고자 【산재 연금수급자 종합건강검진 지원행사】를 마련하여 안내드리니 평소 여러 가지 사정으로 건강을 돌볼 여유를 갖지 못하신 연금수급자와 그 가족의 건강을 위한 이번 지원행사에 많은 신청 바랍니다.

우리 공단은 앞으로도 산재연금수급자의 권익향상과 복리증진을 위하여 최선을 다하여 노력하겠습니다.

감사합니다.

〈표1〉 지원(종합건강검진 이용권) 행사 안내 및 신청방법

지원신청기간	2018.2.19.(월) ~ 2018.3.2.(금)
지원자격	산재연금 수급자 전용카드 발급자 또는 발급신청서 접수한 자
지원인원	총 57명
지원내역	종합건강검진 이용권 (시중 수가 약 110만원 상당) ※ 전국 공단 소속병원에서 이용 가능. 단, 경기요양병원·대구산재병원 제외
건강검진항목	기본검진 외 MRI 및 CT 포함
선정방법	장해등급 및 연금수령액, 유족연금 수급자여부 등을 감안하여 선정위원회에서 선정 ※ 신청자가 지원대상자보다 많은 경우 2012~2016 지원행사 지원대상자는 제외
결과발표일	2018.3.13. (화) ※ SMS 문자 발송 및 개별 안내
지급방법	종합건강검진 이용권 지급 (우편송부)

이용기간	발표일 부터 2018.10.31.까지
신청방법	지원신청서를 우편으로 제출, 공단 홈페이지 게시

〈표2〉 산재 연금수급자 전용카드 공단 제공 서비스

구분	서비스 내용
산재병원 진료비등 할인	• 산재연금증 소지자에 대한 진료비 본인부담금 30%감면 • 건강검진비용 할인(연금수급자 본인 및 가족)
생활용품 할인 구입	근로복지넷 복지상품몰(최저가 생활용품 구입) 이용자격 부여

① 연금전용카드를 받으면 연금수급자 본인에 한해 건강검진비용이 할인이 가능해.

② 연금전용카드로 종합건강검진 이용권을 지원받을 수 있고, 특히 MRI도 가능해.

③ 연금전용카드를 받으면 복지상품몰에서 최저가로 생활용품 구입이 가능해.

④ 연금전용카드의 신청자가 지원대상자보다 많은 경우 지난 지원 행사 지원대상자는 제외되네.

정답해설 연금전용카드를 받으면 연금수급자 본인 및 가족들은 건강검진비용 할인 서비스를 받을 수 있다. 따라서 보기 중 옳지 않은 것은 ①이다.

오답해설 ② 연금전용카드로 종합건강검진 이용권을 지원받으며 기본검진 외 MRI, CT도 가능하다.
③ 연금전용카드를 받으면 복지상품몰에서 최저가로 생활용품 구입의 이용자격이 부여된다.
④ 연금전용카드의 신청자가 지원대상자보다 많은 경우 2012년~2016년 지원 행사 지원대상자는 제외된다.

정답 57 ①

[58~59] 근로복지공단 영업3팀 장 과장은 미국 **LA**로 출장을 다녀왔다. 장 과장은 출장 기간에 지출한 내역을 다음과 같이 정리하여 영수증과 함께 제출하였다. 물음에 답하시오.

날짜	결제 시간	지출 내역	비용
10월 9일	10:20	공항 셔틀버스	10,000원
	12:00	왕복 항공료	752,000원
	12:25	편의점 간식	12,000원
10월 10일	15:05	점심 식사	15달러
	16:00	택시비	10달러
	20:15	저녁 식사	22달러
	21:20	2박 3일 숙박비	270달러
10월 11일	08:45	아침 식사	무료
	09:20	버스비	5달러
	13:30	점심 식사	13달러
	18:50	저녁 식사	17달러
	21:00	접대비	150달러
	22:05	택시비	12달러
10월 12일	07:30	아침 식사	무료
	09:10	택시비	8달러
	11:30	편의점 간식	11달러
10월 13일	13:00	공항 셔틀버스	10,000원

58 다음 중 장 과장이 정리한 내역에 대한 설명으로 옳은 것은?

① LA 숙소는 조식을 유료로 제공하였다.
② 숙박비는 2박 3일치를 2번에 나눠 결제하였다.
③ LA에서 교통수단은 택시를 이용했다.
④ 출 · 입국 시 모두 공항 셔틀버스를 이용했다.

정답해설 장 과장이 정리한 내역을 확인해보면 10월 9일, 13일 모두 공항 셔틀버스를 이용한 내역이 있다. 따라서 보기 중 옳은 것은 ④이다.

오답해설 ① 10월 11일, 12일 내역을 보면 LA 숙소는 조식은 무료로 제공하였다.
② 숙박비는 2박 3일치를 10월 10일에 한 번에 결제하였다.
③ 10월 11일 LA에서 버스를 이용한 내역이 있다.

59 현재 1달러에 1,100원의 환율이라고 하면, 다음 중 10월 11일에 지출한 한화 기준 비용은?

① 208,500원   ② 211,000원
③ 214,300원   ④ 216,700원

정답해설 10월 11일의 지출 내역을 모두 합해보면
5달러＋13달러＋17달러＋150달러＋12달러＝197달러
따라서 1달러에 1,100원의 환율이므로
한화 기준 비용은 197달러×1,100원＝216,700원

60 다음의 기사를 읽고, ㉠~㉢을 고쳐 쓰기 위한 방안으로 적절하지 않은 것은?

개발이냐 보존이냐

최근 들어 나라 곳곳에서 큰 규모로 이루어지는, 여러 가지 '자연 개발'에 대하여 상반된 주장이 맞서고 있다. 한쪽에서는 현재 인간이 겪고 있는 상황을 고려해 볼 때 자연에 손을 대는 일은 불가피하며, 그 과정에서 생기는 일부 손실은 감내해야 한다고 주장한다.

이에 대하여 다른 쪽은 그것은 하나만 알고 둘은 모르는 소리라고 반박한다. 자연에 손을 대어 편의 시설을 만들면 지금 당장은 편리하겠지만, 나중에는 ㉠ 인간이 큰 손해가 될 수 있다는 것이다. 그렇게 하여 자연 생태계가 교란되면 나중에 어떤 결과가 생길지 ㉡ 예측할 수 없으며, 그것이 재해로 이어지면 자연 재해의 특성상 자칫 인류 전체에 큰 재앙이 될 수도 있다고 경고한다. ㉢ 그런데 그러한 재앙이 훗날 다음 세대에게 닥친다면, 원인 제공자는 따로 있는데 애먼 사람이 뒷감당을 해야 하는 상황이 되어, 그 책임을 누가 어떻게 질 것이냐고 묻기도 한다.

한편으로는 이 두 주장 모두 편향적인 시각이라는 비판도 있다. ㉣ 인간이 편하기 위하여 자연을 개발해야 한다는 주장이나, 나중에 인류에게 재앙이 생길지도 모르니 그렇게 하면 안 된다는 주장은 어디까지나 인간을 모든 것의 중심에 놓고, 막상 그 대상인 자연의 입장은 전혀 고려하지 않았다. 이 입장에서는 우리 인간이 자신의 생명을 보존하고 행복을 추구 할 권리가 있는 것과 마찬가지로, 생명이 있는 자연물, 더 나아가 자연 환경 전체도 이 땅의 구성원으로서, 인간과 똑같은 권리가 있다고 주장한다. 이를 자연의 권리라고 하는데, 이렇게 본다면 권리의 범위가 인간에서 자연으로 확장되는 셈이다.

① ㉠은 조사의 사용이 잘못되었으므로 '인간에게'로 바꾼다.
② ㉡은 '어떤 결과가'가 주어이므로 '예측될 수 없으며'로 고친다.
③ ㉢은 주장에 대한 근거를 추가한 경우이니 '더 나아가'로 바꾼다.
④ ㉣은 문장의 호응 관계에 맞게 '~고려하지 않았다는 것이다.'로 고친다.

정답해설 ㉡의 문장에서 '사람들'이나 '우리들' 같이 불특정 다수를 나타내는 주어가 생략된 문장으로 '예측할 수 없으며'를 그대로 두는 것이 자연스럽다.

오답해설 ① ㉠은 손해를 입는 대상이 인간이므로 '인간에게'로 고치는 것이 적절하다.

③ ⓒ의 뒤의 문장은 화제를 전환한 것이 아니라 앞 문장과 연결된 내용이므로 '그런데'를 '더 나아가'
로 바꾸는 것은 적절하다.

④ ⓔ의 주어는 '~주장이나, ~주장은'이므로 이와 호응하는 '~고려하지 않았다는 것이다.'로 고치는
것이 적절하다.

61 밑줄의 문맥적 의미와 가장 가까운 것은?

> 판의 절대 속도를 <u>구하기</u> 위해서는 판의 운동과는 독립적으로 외부에 고정되어 있는 기
> 준점이 필요하다.

① 귀성 차표가 매진되기 전에 빨리 <u>구해야겠다.</u>
② 농사철에는 일꾼을 <u>구하는</u> 데 많은 어려움이 따른다.
③ 어렵다고 생각하는 문제일수록 답을 <u>구하는</u> 방식은 의외로 간단하다.
④ 그는 그녀의 동의를 <u>구한다는</u> 듯이 그의 얼굴을 쳐다보았다.

정답해설 밑줄 친 부분은 '계산하다', '알아내다'라는 뜻으로 쓰였고, ③도 '계산하는', '알아내는'의 뜻으로 쓰였다.

오답해설 ①, ② '필요한 것을 찾거나 또는 그렇게 하여 얻다'라는 의미로 쓰였다.
④ '상대편이 어떻게 하여 주기를 청하다'라는 뜻으로 쓰였다.

62 다음은 홍보부 7월 A~E 회의실 이용 내역이다. 이를 바탕으로 알 수 없는 것은?

〈7월 회의실 이용 내역〉

일	월	화	수	목	금	토
1	2 A 회의실	3 C 회의실	4 E 회의실	5 C 회의실 A 회의실	6 A 회의실	7
8	9 D 회의실	10 A 회의실 D 회의실	11 A 회의실 B 회의실	12 B 회의실	13 A 회의실	14
15	16 A 회의실	17 C 회의실 A 회의실	18 D 회의실 E 회의실	19 B 회의실	20 B 회의실 A 회의실	21
22	23 A 회의실 D 회의실	24 B 회의실 A 회의실	25 E 회의실 B 회의실	26 B 회의실 C 회의실	27 A 회의실 D 회의실	28
29	30 D 회의실	31 C 회의실 D 회의실				

① C 회의실은 화요일, 수요일만 이용 가능하다.
② B 회의실과 D 회의실은 같은 날 이용할 수 없다.
③ E 회의실은 수요일만 이용 가능하다.
④ 홍보부가 7월에 가장 많이 이용한 회의실은 A 회의실이다.

정답해설 주어진 7월 회의실 이용 내역을 보면 C 회의실은 3일(화), 5일(목), 17일(화), 26(목)일, 31일(화) 사용했으므로 화요일, 목요일만 이용 가능함을 알 수 있다.

오답해설 ② B 회의실과 D 회의실 7월 중 하루도 같은 날 이용하지 않았으므로 알 수 있다.
③ E 회의실은 4일(수), 18일(수), 25일(수) 이용했으므로 수요일만 이용 가능함을 알 수 있다.
④ 홍보부가 7월에 A 회의실을 12번으로 가장 많이 이용했다.

[63~64] 다음은 인터넷 쇼핑 동향에 관한 자료이다. 물음에 답하시오.

〈표1〉 인터넷 쇼핑 거래액 동향

(단위 : 억 원, %)

구분	2016년		2017년		2018년			
	12월	구성비	12월	구성비	11월	구성비	12월	구성비
총 거래액	53,976	100.0	62,096	100.0	75,850	100.0	75,311	100.0
모바일 거래액	27,347	50.7	35,707	57.5	47,595	62.7	47,698	63.3

〈표2〉 상품군별 인터넷 쇼핑 거래액

(단위 : 억 원, %)

구분	2018년			
	11월		12월	
	온라인	모바일	온라인	모바일
컴퓨터 및 주변기기	4,159	1,480	4,418	1,522
가전 · 전자 · 통신기기	9,343	4,857	8,046	4,202
소프트웨어	61	16	60	14
서적	1,143	421	1,434	540
사무 · 문구	519	233	576	266
의복	9,963	7,087	8,224	5,903
패션용품 및 액세서리	1,434	1,158	1,389	1,062
화장품	6,227	4,169	5,720	3,882
아동 · 유아용품	2,698	2,064	3,438	2,618
음 · 식료품	9,098	6,874	9,701	7,377
생활 · 자동차용품	6,995	4,658	6,561	4,356
가구	2,105	1,355	1,897	1,226
여행 및 예약서비스	13,271	5,441	11,395	6,418

63

표1에 대한 설명으로 〈보기〉 중 옳지 <u>않은</u> 것을 고르면?(단, 소수점 둘째자리에서 반올림한다.)

> 보기
>
> ㄱ. 2018년 12월 인터넷 쇼핑 총 거래액은 전년 동월 대비 약 21.3% 증가하였다.
> ㄴ. 2017년 12월 인터넷 쇼핑 모바일 거래액은 전년 동월 대비 약 20.6% 증가하였다.
> ㄷ. 2018년 12월 인터넷 쇼핑 모바일 거래액은 전월대비 약 0.2% 감소하였다.
> ㄹ. 2018년 12월 인터넷 쇼핑 총 거래액은 2016년 12월 보다 약 39.5% 증가하였다.

① ㄱ, ㄴ   ② ㄱ, ㄹ

③ ㄴ, ㄷ   ④ ㄷ, ㄹ

 ㄱ. (참) 2018년 12월 인터넷 쇼핑 총 거래액은 75,311, 2017년 12월 인터넷 쇼핑 총 거래액은

62,096이므로 전년 동월 대비 $\frac{(75,311-62,096)}{62,096} \times 100 = 21.3\%$ 증가하였다.

ㄴ. (거짓) 2017년 12월 인터넷 쇼핑 모바일 거래액은 35,707이고, 2016년 12월 인터넷 쇼핑 모바일

거래액은 27,347이므로 전년 동월 대비 $\frac{(35,707-27,347)}{27,347} \times 100 = 30.6\%$ 증가하였다.

ㄷ. (거짓) 2018년 12월 인터넷 쇼핑 모바일 거래액은 47,698이고, 11월 인터넷 쇼핑 모바일 거래액

은 47,595이므로 전월대비 $\frac{(47,698-47,595)}{47,595} \times 100 = 0.2\%$ 증가하였다.

ㄹ. (참) 2018년 12월 인터넷 쇼핑 총 거래액은 75,311이고 2016년 12월 인터넷 쇼핑 총 거래액은

53,976이므로 2018년 12월 인터넷 쇼핑 총 거래액인 $\frac{(75,311-53,976)}{53,976} \times 100 = 39.5\%$ 더

증가하였다.

따라서 옳지 않은 것은 ㄴ, ㄷ이다.

64 표2를 통해 2018년 12월 상품군별 인터넷 쇼핑 거래액이 전월대비 온라인과 모바일에서 가장 큰 폭으로 증가한 상품에 대해 바르게 짝지어진 것은?(단, 소수점 둘째자리에서 반올림한다.)

	온라인	모바일
①	아동 · 유아용품	여행 및 예약서비스
②	서적	컴퓨터 및 주변 기기
③	아동 · 유아용품	서적
④	음 · 식료품	사무 · 문구

정답해설 (i) 온라인 거래액 중 증가한 상품군의 증가율을 구해보면

- 컴퓨터 및 주변 기기 : $\dfrac{(4,418-4,159)}{4,159} \times 100 \fallingdotseq 6.2\%$

- 서적 : $\dfrac{(1,434-1,143)}{1,143} \times 100 \fallingdotseq 25.5\%$

- 사무 · 문구 : $\dfrac{(576-519)}{519} \times 100 \fallingdotseq 11.0\%$

- 아동 · 유아용품 : $\dfrac{(3,438-2,698)}{2,698} \times 100 \fallingdotseq 27.4\%$

- 음 · 식료품 : $\dfrac{(9,701-9,098)}{9,098} \times 100 \fallingdotseq 6.6\%$

따라서 온라인 거래액 중 가장 큰 폭으로 증가한 상품군은 아동 · 유아용품이다.

(ii) 모바일 거래액 중 증가한 상품군의 증가율을 구해보면

- 컴퓨터 및 주변기기 : $\dfrac{(1,522-1,480)}{1,480} \times 100 \fallingdotseq 2.8\%$

- 서적 : $\dfrac{(540-421)}{421} \times 100 \fallingdotseq 28.3\%$

- 사무 · 문구 : $\dfrac{(266-233)}{233} \times 100 \fallingdotseq 14.2\%$

- 아동 · 유아용품 : $\dfrac{(2,618-2,064)}{2,064} \times 100 \fallingdotseq 26.8\%$

- 음 · 식료품 : $\dfrac{(7,377-6,874)}{6,874} \times 100 \fallingdotseq 7.3\%$

- 여행 및 예약서비스 : $\dfrac{(6,418-5,441)}{5,441} \times 100 \fallingdotseq 18.0\%$

따라서 모바일 거래액 중 가장 큰 폭으로 증가한 상품군은 서적이다.

(i), (ii)을 통해 온라인과 모바일 거래액 중 가장 큰 폭으로 증가한 상품군은 각각 아동 · 유아용품과 서적이다.

65 퇴근 후 A씨, B씨, C씨는 도서관, 체육관, 영화관 중 각각 서로 다른 곳에 갔다. 나중에 세 사람은 다음과 같이 말했다.

- A씨 : 나는 체육관에 갔다.
- B씨 : 나는 체육관에 가지 않았다.
- C씨 : 나는 영화관에 가지 않았다.

위의 세 명의 말 중 하나만 참일 때, 도서관, 체육관, 영화관에 간 사람을 바르게 짝지은 것은?

	도서관	체육관	영화관
①	A씨	B씨	C씨
②	B씨	A씨	C씨
③	C씨	A씨	B씨
④	C씨	B씨	A씨

 (i) A씨의 말이 참인 경우

A씨의 말이 참이라면 A씨는 체육관에 갔고, B씨의 말은 거짓이므로 B씨도 체육관에 간 것이 되어 모순이다.

(ii) B씨의 말이 참인 경우

B씨의 말이 참이라면 B씨는 체육관에 가지 않았고, A씨의 말은 거짓이므로 A씨도 체육관에 가지 않았다. 또한 C씨의 말도 거짓이므로 C씨는 영화관에 간 것이 된다. 하지만 이 상황에서 체육관에 간 사람이 없으므로 모순이 된다.

(iii) C씨의 말이 참인 경우

C씨의 말이 참이라면 C씨는 영화관에 가지 않았고, B씨의 말은 거짓이므로 B씨는 체육관에 갔다. 즉 C씨는 영화관에도 안 갔고, 체육관은 B씨가 갔으므로 결국 도서관에 갔다. 이때, A씨의 말도 거짓이므로 A씨가 체육관이 아닌 영화관에 가면 주어진 조건을 모두 만족시킨다.

따라서 도서관, 체육관, 영화관에 간 사람은 순서대로 C씨, B씨, A씨이다.

66 어떤 회사에서는 제품 A의 원가에 20% 이익을 붙여 정가를 정했다. 이벤트 기간동안 이 정가에서 1,500원을 할인하여 팔았더니 15%의 이익이 생겼을 때, 제품 A의 이벤트 기간동안의 가격은 얼마인가?

① 34,000원　　　　　　　② 34,500원
③ 35,000원　　　　　　　④ 35,500원

정답
해설

제품 A의 원가를 x(원)라 하면 정가는 $(1+0.2)x=1.2x$(원)

이벤트 기간동안은 정가에서 1,500원 할인해서 팔았으므로 이때 가격은 $1.2x-1,500$(원)

이 가격이 제품 원가의 15% 이익을 더한 값과 같으므로

$1.2x-1,500=(1+0.15)x$

$1.2x-1.15x=1,500$

$0.05x=1,500$

$x=30,000$

따라서 제품 A의 이벤트 기간동안의 가격은 $1.2x-1,500$이므로 $x=30,000$을 대입하면

$(1.2\times30,000)-1,500=34,500$(원)

[67~68] 다음은 유통업체 고객서비스센터 홈페이지의 일부이다. 물음에 답하시오.

자주 하는 질문과 답

Q1. 주문한 상품을 취소하고 싶어요. 어떻게 하면 되나요?

Q2. 주문내역 확인은 어디에서 가능한가요?

Q3. 주문완료 후 배송지를 변경할 수 있나요?

Q4. 발송완료 상태인데 아직 상품을 받지 못했어요.

Q5. 현금영수증 발급 내역은 어디에서 확인 하나요?

Q6. 전자세금계산서는 신청 후 바로 발급이 가능한가요?

Q7. 이미 결제한 주문건의 결제 수단을 변경할 수 있나요?

Q8. 취소 요청한 상품의 취소 여부는 언제 어디를 통해 확인할 수 있나요?

Q9. 반품하기로 한 상품을 아직도 회수해 가지 않았어요.

Q10. 발송완료 SMS를 받았는데 언제쯤 상품을 받을 수 있는 건가요?

Q11. 결제하는데 오류가 나는데 어떻게 하나요?

Q12. 당일 주문하면 받을 수 있는 상품이 있나요?

67
A씨는 홈페이지 관리와 고객문의 응대 업무를 담당하고 있다. 새 시즌을 맞아 홈페이지 개편에 따라 기존 정보를 분류하여 정리하려고 할 때, 다음 중 바르게 짝지어진 것은?

자주 하는 질문과 답

주문/결제	반품/교환	배송	영수증
(가)	(나)	(다)	(라)

① (가) : Q2, Q7
② (나) : Q9, Q11
③ (다) : Q3, Q5
④ (라) : Q6, Q12

정답
해설 자주 하는 질문과 답을 홈페이지 개편에 따라 기존 정보를 정리하면

(가) 주문/결제 : Q1, Q2, Q7, Q11

(나) 반품/교환 : Q8, Q9

(다) 배송 : Q3, Q4, Q10, Q12

(라) 영수증 : Q5, Q6

이므로 보기 중 바르게 짝지어진 것은 ①이다.

68 다음 중 고객서비스센터 홈페이지를 방문한 고객 중 답을 찾지 <u>못하는</u> 고객은 누구인가?

① A고객 : 방금 결제한 카드 말고 다른 카드로 결제하고 싶은데 어떻게 하나요?

② B고객 : 가입했을 당시 기입한 주소와 다른 곳에 살고 있는데 주문을 해버려서 어떻게 하나요?

③ C고객 : 상품이 마음에 들지 않아서 반품하기로 했는데 아직도 회수해 가지 않았어요.

④ D고객 : 어제 상품 하나 주문하고, 오늘 다른 상품을 또 주문했는데 묶음 배송 가능한가요?

정답
해설 D고객의 질문인 묶음 배송에 관한 질문과 그에 대한 답은 찾을 수 없다.

오답
해설 ① A고객은 Q7을 통해 답을 찾을 수 있다.

② B고객은 Q3을 통해 답을 찾을 수 있다.

③ C고객은 Q9를 통해 답을 찾을 수 있다.

[69~70] 근로복지공단의 변 대리의 당일 출장에 대한 자료이다. 물음에 답하시오.

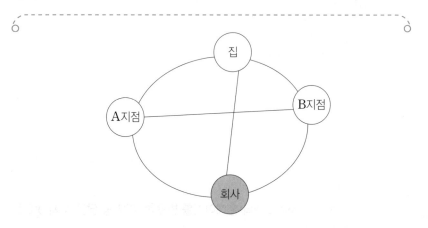

※ 한번 지나온 길은 다시 지나갈 수 없다.

〈표〉 각 지점 간 거리

(단위 : km)

구분	집	A지점	B지점	회사
집				18
A지점	15			
B지점	12	25		
회사		17	20	

69 변 대리가 집에서 나와 A지점과 B지점에서 미팅을 끝내고 회사로 복귀한다고 할 때의 최단 거리를 고르면?(A지점과 B지점 중 어느 곳을 먼저가도 상관없다.)

① 52km   ② 54km

③ 56km   ④ 58km

(i) 집 → A지점 → B지점 → 회사

  15+25+20=60km

(ii) 집 → B지점 → A지점 → 회사

  12+25+17=54km

따라서 변 대리가 이동할 최단거리는 54km이다.

70 변 대리는 자료를 찾으러 미팅 전 회사에 들렸다가 A지점과 B지점에서 먼저 미팅 후 바로 퇴근하려고 한다. 바쁜 일정 때문에 운전해서 최단 거리로 다닌다고 하면 다음과 같은 조건에서 주유비가 얼마인가?(A지점과 B지점 중 어느 곳을 먼저가도 상관없다.)

연비(km/L)	휘발유의 가격(원/L)
20	1,900

※출장을 가는 데 필요한 만큼만 주유한다.
0.1L 단위도 가능하다.

① 6,640원   ② 6,740원
③ 6,840원   ④ 6,940원

 (i) 집 → 회사 → A지점 → B지점 → 집
　　18＋17＋25＋12＝72km
(ii) 집 → 회사 → B지점 → A지점 → 집
　　18＋20＋25＋15＝78km
(i), (ii)을 통해 최단거리는 72km이고
연비가 20km/L이므로 주유해야 하는 양은 72÷20＝3.6L
따라서 1L에 1,900원이므로 주유비는 3.6×1,900＝6,840원이다.